Manilo Talamo

Das Rätsel des Foucaultschen Pendels

Das Entschlüsselungsbuch
zu Umberto Ecos Weltbestseller

*Aus dem Italienischen
von Renate Reil und Andrea Weichert*

WILHELM HEYNE VERLAG
MÜNCHEN

HEYNE SACHBUCH
Nr. 19/227

Titel der italienischen Originalausgabe:
I SEGRETI DEL PENDOLO
erschienen bei Esse Libri, Neapel

Copyright © 1989 by Edizioni Simone – Esse Libri Srl., Neapel
Copyright © 1992 der deutschen Ausgabe
by Wilhelm Heyne Verlag GmbH & Co. KG, München
Printed in Germany 1992
Umschlagfoto: dpa/Eilmes, Frankfurt/M.
Umschlaggestaltung: Atelier Adolf Bachmann, Reischach
Herstellung: H+G Lidl, München
Satz: Fotosatz Völkl, Puchheim
Druck und Verarbeitung: Ebner Ulm

ISBN 3-453-06014-8

Inhalt

IV. Belbos Erinnerungen

V. Informationsblätter

VI. Das Spiel

Einführung

Das furoremachende Erscheinen des *Foucaultschen Pendels* von Umberto Eco Ende 1988 irritierte viele Intellektuelle, die sich in Anbetracht des ungewöhnlichen Verkaufserfolges darüber aufgebracht zeigten, daß das Buch weitaus mehr Käufer als Leser hat.

Manlio Talamo, der Autor dieses vorzüglichen kleinen Bändchens, nahm daran keinerlei Anstoß, sondern dachte vielmehr richtigerweise, daß es besser sei, ein Buch zu haben, als es nicht zu haben, insbesondere dann, wenn es sich um ein so schönes und anregendes Buch wie das von Eco handelt.

Dieser Band ist den Besitzern des *Pendels* gewidmet, und es enthält Anweisungen für dessen Gebrauch. Es ist also auch für jemanden geeignet, der das *Pendel* noch nicht gelesen hat, aber vor allem für den Leser, der es zum zweitenmal lesen möchte. Ein Buch nochmals zu lesen bedeutet immer, es neu zu entdecken, und oftmals, es noch mehr zu genießen. *Die Geheimnisse des Pendels* wird Ihnen zeigen, daß man, wie beim Schlachten eines guten Schweins, nichts fortwerfen muß, sondern daß alles verwendet werden kann. So gesehen kann das *Pendel* als eine unerschöpfliche Quelle des Vergnügens betrachtet werden und mit Genuß gebraucht oder auch mißbraucht werden.

Viele Leser sind auf Seite 10 des Buches gestrandet, entmutigt von den 720 Seiten, die noch auf sie warteten. Auf die gefürchtete Frage, ob sie das *Pendel* gelesen haben, erblassen sie, und aus Furcht, beim Bluffen ertappt zu werden, wagen sie ein paar Vorbehalte über die ersten Kapitel (vielleicht ärgern sie sich über die hebräische Überschrift) und suchen in den Augen ihres Gesprächspartners nach einem Zeichen befreiender Komplizenschaft. Talamos Buch ist auch für solche Leser geschrieben. Für sie besteht der Wert eines Buches darin, sich einen weiteren unvermeidlichen Wälzer zu ihrer Allgemeinbildung einzuverleiben. Diesen Lesern wird allerdings klarwerden, daß ›Wissen‹ sich nicht auf das Aufeinanderstapeln verschiedener Wälzer beschränkt, sondern daß es ein Netz von Erkenntnissen bedeutet, ein komplexes System, bei dem es darauf ankommt, Verknüpfungen zwischen den einzelnen Erkenntnissen herzustellen.

Erst zum Schluß merkt man, was die Lektüre des *Pendels* zu einem gewinnbringenden Vergnügen macht, nämlich wenn man das Spiel mit den Bezügen zu anderen Texten entdeckt. Solchem Lesen und solchen Lesern kommt Umberto in seinem Roman entgegen. Dieser kleine Führer durch das *Pendel* ist nicht das Werk eines kritischen und pedantischen Gelehrten, sondern eine schematische Landkarte des Romans und der in ihm zitierten Texte und Autoren.

Ein Buch zu erklären ist ähnlich wie das Erklären eines Witzes. Ein Fremder, dem man einen Witz über die Menschen aus Genua erzählt, wird nicht lachen. Wenn man ihm den Witz erklärt und ihn darüber aufklärt, daß die Genuesen in Italien gemeinhin als geizig gelten, müßte auch der Fremde lachen. Allerdings ist es dann zu spät.

Die kümmerliche Liebe zu den Büchern, die man in der Schule gelesen hat, ist vermutlich auf die Tatsache zurückzuführen, daß sie uns erklärt wurden, damit wir daran Gefallen finden konnten: Witze oder Bücher erheitern aber nur dann, wenn man sie nicht zu erklären braucht.

Andererseits ist es jedoch Aufgabe der Schule, einzelne Texte zu erklären, zum Beispiel Goethes *Faust,* um damit die Grundlage für das genußvolle Verstehen anderer Texte zu schaffen.

Talamo will mit seinem Buch das Vergnügen am Text aber nicht zerstören. Deshalb hegt er keine didaktischen Absichten, sondern möchte dem Leser Orientierungshilfen zu einem Buch bieten, das insbesondere bei einem ersten Anlauf einige Schwierigkeiten bei der Lektüre birgt.

Wir glauben, daß es eine gute Idee ist, dem Leser selbst das Vergnügen des Verstehens zu überlassen. Wir würden uns darüber freuen, wenn die von den *Geheimnissen des Pendels* angebotenen Hinweise den Leser dazu befähigten, bei der Lektüre von Ecos Roman seine eigenen Wege zu bahnen, um anschließend eigene Nachforschungen anzustellen und die Lektüre zu vertiefen.

Wie ist das *Pendel* zu lesen?

Der geübte Leser, das heißt derjenige, der studien- oder berufshalber liest, ist normalerweise imstande, Texte selektiv zu lesen. Er liest ein Buch nicht vollständig, sondern er geht das

Buch in einzelnen Abschnitten durch und wählt intuitiv aus, was löhnt, aufmerksamer gelesen zu werden. Dies trifft für narrative Texte nicht zu, wo der Autor, außer in ganz besonderen Fällen, sich darauf verläßt, daß der Leser den Text von Anfang bis Ende Kapitel für Kapitel genau durchliest und jeder Einzelheit die gleiche Aufmerksamkeit zukommen läßt.

Für die Lektüre von Ecos Roman ist dies nicht unbedingt erforderlich. Ich habe während der Lektüre des *Pendels* – gebannt vom mitreißenden Geflecht der Handlung – zunächst fast alle *Computerfiles* von Belbo ausgelassen, um sie anschließend in Ruhe zu lesen, und dabei äußerst interessante und vergnügliche Entdeckungen gemacht. Um ehrlich zu sein, fühlte ich mich auch durch den Autor dazu ermächtigt: Er hat diese Textabschnitte typographisch abgesetzt und mir somit ›erlaubt‹, die Dateien zu überspringen oder nur oberflächlich zu lesen. Genauso bin ich bei den langen Aufzählungen esoterischer Begriffe verfahren und habe schnell, überfliegend gelesen. Ich glaube, daß diese Lesestrategie auch vom Verfasser beabsichtigt war.

In der Tat erzählt Eco in der *Nachschrift zum Namen der Rose* einfühlsam augenzwinkernd von dem Siebzehnjährigen, der den theologischen Diskussionen der Mönche zugehört hat, als seien sie spannende Musik in einem Hitchcock-Film. Etwas Ähnliches kann auch im *Foucaultschen Pendel* geschehen, und es ist sogar beabsichtigt. Talamos Buch kann dazu dienen, auch dann zum Text zurückzufinden, wenn man nur noch den inneren Klang des Buches vernimmt.

Die Bedeutung des *Foucaultschen Pendels*

Unter den vielen Schlüsseln zur Lektüre des *Foucaultschen Pendels* möchten wir hier dem Leser denjenigen nennen, der am geeignetsten scheint, zum Geist des Textes und den Absichten des Autors Zugang zu finden. Um mit Eco zu sprechen, ein Zitat aus Kapitel 66:

Jede Gelegenheit wird bedeutsam, wenn man sie mit einer andern verbindet. Die Verbindung ändert die Perspektive. Sie bringt einen auf den Gedanken, daß alle Erscheinungen in der Welt, jede Stimme, jedes geschriebene oder gesprochene Wort nicht das bedeuten, was sie zu bedeuten scheinen, sondern von einem Geheimnis sprechen. Das Kriterium ist simpel: Man muß argwöhnen, immer nur argwöhnen. Geheime Botschaften kann man auch aus einem Einbahnstraßenschild herauslesen.[1]

In diesen Worten zeichnet sich die Leitidee der gesamten Geschichte ab. Andererseits kann man in diesen wenigen Zeilen aber auch die Verbindungen des *Pendels* zu all dem erkennen, was Eco auf dem Gebiet der Semiologie und der Erkenntnisphilosophie erarbeitet hat.

Dieser Argwohn, der hier thematisiert wird (oder vielmehr die Annahme, daß die Dinge miteinander verknüpft sind), wird in einem Interview von Ferdinando Adornato mit Eco im *Espresso* vom 9. Oktober 1988 wieder aufgenommen.

... jegliche Erkenntnis beruht auf dem Schöpfen von Verdacht. Wachsamkeit walten zu lassen ist immer richtig. Indes sollte man zwischen ›gesundem‹ und ›krankhaftem‹ Argwohn unterscheiden. Der Wissenschaftler ist derjenige, der ausgehend von Indizien, die für andere ohne Bedeutung sind, argwöhnt, daß die Erde nicht den Mittelpunkt des Universums darstellt (...). Der nächste Schritt ist, seinen Verdacht zu formulieren und zu versuchen, einen Beweis dafür zu finden. Dann geht er zum nächsten über. Der gesunde Argwohn zeichnet sich folglich dadurch aus, daß er erstens zeitlich begrenzt ist und zweitens an die Öffentlichkeit getragen wird. Der ›krankhafte‹ Argwohn hingegen steht am Anfang einer unendlichen Folge von Annahmen, die alle geheim sind und von denen keine jemals einem Beweis unterzogen wird. Die Semiologie ist die Wissenschaft, die es uns ermöglicht, den Unterschied zwischen diesen beiden Arten des Verdachts zu erfassen.

Ecos Werk

Ziel des vorliegenden Buches ist es, beim Leser den Wunsch zu wecken, Eco besser kennenzulernen. Deshalb werden wir einige allgemeine Hinweise zum Gesamtwerk geben, sowie ein kurzes Glossar, das es erlaubt, vor allem aufgrund eigener Interessen, eine Auswahl aus Ecos Texten zu treffen.

---

[1] Umberto Eco. *Das Foucaultsche Pendel.* München, Hanser 1989, S. 442. Alle Zitate folgen dieser Ausgabe.

Ecos Werk könnte man in drei Teile gliedern: die theoretischen Schriften, die für ein breiteres Publikum bestimmten essayistischen Veröffentlichungen und die erzählerischen Werke. Ich sage, daß man das Werk aufteilen *könnte,* denn die Grenzen zwischen den drei Teilen sind nicht eindeutig zu ziehen. Viele theoretische Aufsätze Ecos sind aufgrund der Klarheit der Thematik und der Deutlichkeit der Beispiele so eingängig, daß man sie als populärwissenschaftlich betrachten könnte. Andererseits haben viele Aufsätze, die für die breite Masse geschrieben waren, die kulturelle Diskussion in viel stärkerem Maße in Gang gebracht als umfangreiche theoretische Untersuchungen und kritische Abhandlungen anderer Wissenschaftler.

Der dritte, narrative Teil von Ecos Gesamtwerk beschränkt sich nicht nur auf die beiden Romane *Der Name der Rose* und *Das Foucaultsche Pendel,* sondern erstreckt sich auf eine Reihe von Aufsätzen, Parodien und Pastiches, die oft vergnügliche, aber auch tiefsinnige Erklärungen zu Ecos Ansichten über die verschiedensten Themen darstellen. Die Romane können als ein Versuch betrachtet werden, in erzählerischer Form zu beschreiben, worüber Eco sich Gedanken theoretischer Art gemacht hat, aber – so Eco selbst – keine Theorien entwickeln konnte.

Lektürevorschläge zur Orientierung

Eco hat sehr viel geschrieben. Oft sind die interessantesten Ideen in Zeitungs- oder Zeitschriftenartikel eingegangen, oder er hat sie auf Konferenzen oder in Vorworten zu Büchern gesagt. Viele dieser kürzeren Texte sind in Sammelbänden erschienen, viele davon sind später in theoretischen Texten größeren Umfangs wiederaufgegriffen und weiterentwickelt worden. Im folgenden seien einige wichtige Werke von Eco genannt:

Das offene Kunstwerk. Übersetzt von Günter Memmert. Frankfurt/Main, Suhrkamp 1973

Apokalyptiker und Integrierte. Zur kritischen Kritik der Massenkultur. Übersetzt von Max Looser. Frankfurt/Main, Fischer 1984

Einführung in die Semiotik. Übersetzt von Jürgen Trabant. München, Fink UTB 1972

Zeichen. Einführung in einen Begriff und seine Geschichte.
Übersetzt von Günter Memmert. Frankfurt/Main, Suhrkamp 1977

Semiotik. Entwurf und Theorie der Zeichen. Übersetzt von
Günter Memmert. München, Fink 1987

*Wie man eine wissenschaftliche Abschlußarbeit schreibt. Dok-
tor-, Diplom- und Magisterarbeit in den Geistes- und Sozial-
wissenschaften.* Übersetzt von Walter Schick. München,
Fink UTB 1988

Lector in fabula. Übersetzt von Heinz-Georg Held. München,
Hanser 1987

Der Name der Rose. Übersetzt von Burkhart Kroeber. München, Hanser 1982

Semiotik und Philosophie der Sprache. Übersetzt von Christia-
ne Trabant-Rommel und Jürgen Trabant. München, Fink
1985

Über Spiegel und andere Phänomene. Übersetzt von Burkhart
Kroeber. München, Hanser 1988

Glossar: Zehn Schlüsselbegriffe zum Verständnis von Ecos Werk

AVANTGARDE

Auf dem Gebiet der Kunst bedeutet *Avantgarde* alles, was sich
auf eindeutige und aktive Weise den zu einem bestimmten
Zeitpunkt gültigen Vorstellungen und Verfahren entgegen-
setzt, wobei von einem genau festgelegten Programm ausge-
gangen wird.

Eco hat zum Erneuerungsprozeß der italienischen Kultur
viel beigetragen, sowohl durch die aktive Teilnahme an der
Avantgardebewegung der sechziger Jahre als auch mittels der
sukzessiven systematischen Aufarbeitung der Gedanken, die
während dieser Epoche aufgekommen und erprobt worden
sind. In der auf sich selbst zurückgeworfenen und saturierten
kulturellen Atmosphäre im Italien der Nachkriegszeit konnten,
auch in marxistischen Kreisen, die vom Idealismus Croces[1] geprägt waren, neue Ideen nur mühsam aufkommen.

---

[1]   Benedetto Croce (1866–1952). Philosoph, Historiker und Politiker,
der neben Gentile als der Überwinder des italienischen Positivis-
mus gilt. (Anm. d. Red.)

Die große Neuerung jener Jahre war die Verpflichtung auf die Wirklichkeit, die sich in der kümmerlichen Aufmerksamkeit gegenüber der Herausbildung neuer und interessanter Ausdrucksformen äußerte sowie in der neorealistischen Konzentration auf die Inhalte.

Während der sechziger Jahre begann sich in der *Gruppe '63*[2] eine neue Bewegung abzuzeichnen. In dieser Gruppe schlossen sich junge Künstler und Intellektuelle zusammen, die offen für Ideen aus aller Welt waren und sich begierig mit jeder Neuerung auf dem Gebiet von Kunst und Literatur experimentell und theoretisch auseinandersetzten. Eco war an diesem Erneuerungsprozeß aktiv beteiligt.

Der Aktivismus der Gruppe '63 erschöpfte sich um das Jahr 1968, nachdem gewisse Ideen mittlerweile in der ›offiziellen‹ Kultur ihren Platz gefunden hatten, und wurde durch eine Epoche der Aufarbeitung jener Ideen abgelöst, die im Übergang von der theoretischen Betrachtung zur Schaffung des ästhetischen Objektes ihren Höhepunkt fand.

In den achtziger Jahren konzipierte und schrieb Eco schließlich die beiden Romane *Der Name der Rose* und *Das Foucaultsche Pendel*.

Wenn Avantgarde zu innovativ ist, um populär sein zu können, dann ließe der Erfolg dieser beiden Romane, gemessen an ihrer hohen Auflage, darauf schließen, daß sich Eco nunmehr sehr weit von der Avantgarde entfernt hat. Allerdings könnte es im Falle von Eco auch ebensogut sein, daß wir uns vor einer neuen Epoche des Experimentierens und der Innovation befinden, die auf dem Gebiet der Massenkommunikation Gültigkeit erlangt hat (s. a. POSTMODERNE).

CODE

Der *Empfänger* einer Botschaft, die mittels → ZEICHEN vom *Sender* gebildet wurde, muß die Regeln kennen, um den Informationsgehalt dieser Botschaft entschlüsseln zu können. Die Gesamtheit der Regeln zur Übermittlung von Botschaften wird als *Code* definiert.

Ein Beispiel für einen solchen Code ist die Programmiersprache Basic, in der Belbo das Programm geschrieben hat, um

---

[2] Gruppe '63: Zusammenschluß an experimentellen Sprachformen interessierter Autoren, 1963 entstanden. (Anm. d. Red.)

die Anagramme der Namen zu bilden. Ein Code ist eine ganz bestimmte Konvention zwischen Sender und Empfänger. Derjenige, der die Botschaft erhält oder zufällig empfängt und den Code nicht kennt, muß versuchen, ihn zu rekonstruieren. Dies ist der Fall bei den Geheimschriften und den verschlüsselten Botschaften, von denen im *Pendel* die Rede ist. Auch im *Namen der Rose* muß die Hauptfigur einen Geheimcode entziffern, um sich zu einem geheimen Teil der Bibliothek Zugang zu verschaffen.

In den letzten Jahren (s. a. *Semiotik und Philosophie der Sprache*) stellte Eco das Modell des Codes zur Diskussion, oder anders ausgedrückt, der weitere Begriff des Signifikats, der die Interaktionsregeln zwischen einzelnen Personen umfaßt, wird nun durch den Begriff des Codes mit übernommen. Das menschliche Zusammenleben, von dem das Phänomen der ›Kultur‹ nur eine einzelne Ausformung ist, unterliegt Gesetzen, die einem ständigen potentiellen Änderungsprozeß unterworfen sind. Kommunikation wird von Gesetzen gesteuert, die ihrerseits zwangsläufig vom ›bereits Gesagten‹ bestimmt sind. Dies ist ein weiterer Grund, weshalb sich Ecos Interesse auf das Gebiet der → INTERTEXTUALITÄT verlagert hat.

COMPUTER

Ein gängiger Allgemeinplatz in den Medien assoziiert Eco mit dem Computer; er zeichnet das Bild des gelehrten Professors, der das faszinierende technische Gerät benutzt, um seine verblüffende intellektuelle Produktivität und seine Fähigkeit, Wissen anzuhäufen, zu steigern. In Wirklichkeit sind für Eco, genau wie für Belbo im *Pendel,* Textverarbeitungsprogramme nichts anderes als ein bequemes Mittel, das die Korrektur und Überarbeitung von Texten auf einfache Weise erlaubt. Wie auch an der Funktion, die dem Computer im Verlauf der Entwicklung der Handlung des *Pendels* zukommt, deutlich wird, zeigt Eco an diesem Medium sehr lebhaftes Interesse.

Für Belbo ist die elektronische Schrift das ideale Mittel, seiner Kreativität freien Lauf zu lassen. Wie Eco bereits in verschiedenen, im *Espresso* erschienenen theoretischen Artikeln erwähnt hat, erlaubt die Verwendung des Computers zum einen eine vergleichsweise ungezwungene Schreibweise, da spätere Korrekturen einfach vorzunehmen sind, und zum anderen das Erstellen von Sinneinheiten, die – wie beim Spielen mit Legosteinen – nach Belieben umgestellt und zusammengefügt werden können. Es ist undenkbar, daß diese beiden Merkmale der elektronischen Schreibweise keine Änderung im Stil des Geschriebenen und in der Struktur des Denkens bewirken.

Der zweite Aspekt, der Eco an der elektronischen Datenverarbeitung fesselt, ist die Möglichkeit, den Rechner als Mittel zu neuen Kombinationen zu verwenden. Ein Computer kann so programmiert werden, daß er mehr oder weniger zufällige Verbindungen von Buchstaben, Worten oder Sätzen erzeugt – ein Sinn wird diesen zufällig erzeugten Strukturen vom Leser zugeordnet (s. a. OFFENHEIT).

Dieses Kombinationsspiel spielen Belbo, Casaubon und Diotallevi mit Abulafia, indem sie Kabbala, Avantgarde und Informatik miteinander verbinden.

IDEALLESER

In seinem Aufsatz ›Lector in fabula‹ über das interpretative Zusammenwirken bei narrativen Texten stellt Eco ein Modell der Beziehungen zwischen Autor, Werk und Leser vor.

Das Ziel des Autors ist es, vom Leser verstanden zu werden und bei ihm ganz bestimmte Effekte zu erreichen. Während beispielsweise beim Verfassen eines Handbuchs, einer technischen Anleitung oder einer Dissertation die Absicht des Verfassers ist, eindeutig vom Leser verstanden zu werden, intendiert er bei einem Text mit ästhetischer Zielsetzung im allgemeinen ein ganzes Spektrum möglicher Interpretationen (s. a. OFFENHEIT).

Um alle diese verschiedenen Zielvorstellungen bündeln zu können, muß der Autor gewisse Hypothesen über seinen Leser aufstellen, was soviel heißt, daß er sich in seiner Vorstellung das Modell eines Lesers oder den *Idealleser* schafft. Diese Hypothesen betreffen die Kompetenz des Lesers und müssen der Tatsache Rechnung tragen, daß die Kompetenz des Lesers nicht mit der des Autors in allen Punkten übereinstimmen kann.

INTERTEXTUALITÄT

Alles Gesagte und Geschriebene ist zwangsläufig mit dem ›bereits Gesagten‹ beziehungsweise dem ›bereits Geschriebenen‹ verknüpft. Die *Intertextualität* eines Textes bedeutet die Verbindung, die zwischen diesem Text und allen anderen Texten besteht.

Der Begriff der Intertextualität wurde von Eco hauptsächlich im Zusammenhang mit seinem Aufsatz ›Lector in fabula‹ entwickelt. Eco zufolge kann der Leser die tiefere Bedeutung eines Textes nur aufgrund eines Bezugssystems verstehen, das seinerseits auf bereits vorhandenem Wissen beruht. Eine solche *intertextuelle Kompetenz* wird durch die Lektüre anderer Texte erreicht und durch andere Teile desselben Textes mitbestimmt.

Das Entdecken von intertextuellen Bezügen bildet gleichfalls einen wesentlichen Anteil am ästhetischen Genuß der Lektüre. So können Ecos Romane auf verschiedenen Ebenen der intertextuellen Kompetenz gelesen werden. Dem Leser, der normalerweise nur Kriminalromane zu lesen pflegt, wird es aufgrund seiner Kompetenz in diesem Genre ein leichtes sein, den Nachforschungen William von Baskervilles im *Namen der Rose* und den Intrigen im *Pendel* zu folgen, und neben den ihm bekannten Strukturen wird er überdies die Originalität der narrativen Lösungen, die der Autor ihm bietet, genießen können.

Im selben Roman wird der gebildete Leser weiterhin Bezüge und Hinweise finden, wodurch wiederum seine eigene Kompetenz (der literarischen Bildung) angeregt und gefordert wird.

IRRATIONALITÄT

Die Frankfurter Buchmesse von 1987 wurde von Eco mit einer glänzenden Schmährede gegen die Rückwendung zum Irrationalen eröffnet. Im *Foucaultschen Pendel,* das genau ein Jahr später erschien, wird das Thema der trotz des wissenschaftlichen Fortschritts wieder aufblühenden Irrationalität auf erzählerische Weise entwickelt und auf den Punkt gebracht. Die Rückkehr zum Irrationalen hat Eco bereits während der siebziger Jahre in einer Reihe von Aufsätzen und Artikeln aufgegriffen, in denen er sich mit Themen wie den Erscheinungen des Okkultismus, dem Terrorismus sowie animistischen Riten in Brasilien auseinandersetzt. Im *Pendel* werden alle diese Themen in Romanform behandelt.

OFFENHEIT

Unter *Offenheit* versteht Eco die prinzipielle Gegebenheit, die es den verschiedenen Konsumenten eines literarischen, bildnerischen oder musikalischen Kunstwerkes ermöglicht, dieses auf eine jeweils eigene Weise zu genießen. Eine Definition des Begriffs findet sich in Ecos Buch *Das offene Kunstwerk* von 1962: »In diesem Sinne also ist ein Kunstwerk, eine in ihrer Perfektion eines vollkommenen Organismus vollendete und geschlossene Form, doch auch offen, kann auf tausend verschiedene Arten interpretiert werden, ohne daß seine irreproduzible Einmaligkeit davon angetastet würde.«

Die Kunstwerke jeden Zeitalters zeichnen sich alle durch einen gewissen Grad an Offenheit aus. Jedoch ist Ecos Modell des ›offenen Kunstwerks‹ vor allem in Hinsicht auf die zeitgenössische Dichtung (s. a. AVANTGARDE) geschaffen worden, in der die Vieldeutigkeit und das kreative Eingreifen durch den Empfänger beabsichtigt sind (s. a. CODE.)

Die in den sechziger Jahren sehr geläufige Definition des ›offenen Kunstwerks‹ ist unter anderem auch deshalb etwas außer Gebrauch geraten, weil von Eco selbst komplexere Modelle entwickelt worden sind, in denen der Zusammenhang zwischen Botschaft und Empfänger genauer und differenzierter beschrieben wird (s. a. SEMIOLOGIE oder SEMIOTIK).

POSTMODERNE

Ecos Romane könnten mit dem Adjektiv *postmodern,* das in der Literaturszene heutzutage sehr geläufig ist, bezeichnet werden, wenngleich Eco selbst eher dazu neigt, dieses Adjektiv zu vermeiden.

Die Kunstrichtungen und die künstlerischen Produkte, die insbesondere im 19. Jahrhundert die künstlerischen Ausdrucksformen der Vergangenheit in Frage stellten und sich gegen die vorhandenen Kulturströmungen abgrenzten, werden unter der Kategorie der *Moderne* zusammengefaßt (s. a. AVANTGARDE).

Unter den Begriff der *Postmoderne* fallen dagegen diejenigen zeitgenössischen künstlerischen Ausdrucksformen, die erkannt haben, daß man die Erfahrung der Vergangenheit nicht umgehen kann, und die, bewußt und ironisierend, Ausdrucksformen sowohl der Vergangenheit als auch der Massenkultur verwenden und ›zitieren‹. So können sich beispielsweise an einem postmodernen Bauwerk Säulen und Kapitelle neben modernen Glas- und Stahlkonstruktionen befinden, womit die Stile unterschiedlicher Epochen zitiert werden.

Eco geht im Roman auf vergleichbare Weise vor. Er benutzt als Rohstoff sowohl die bereits vorhandenen kulturellen Vorgaben als auch Elemente der heutigen Massenkultur und verwickelt auf diese Weise den Leser in ein Spiel von Entdeckungen von Zitaten (s. a. INTERTEXTUALITÄT). Auch die Personen des *Pendels* können als ›postmodern‹ bezeichnet werden, wie etwa Belbo, der, nunmehr Sklave von Lorenza Pellegrini, am Ende von Kapitel 50 das Wort ergreift und »leise, wie jemand, der eine Selbstverständlichkeit sagt: ›Kikerikiii‹« macht.

So kann auch der → IDEALLESER Ecos als postmodern bezeichnet werden, der in Belbos Äußerung ein Zitat des Professor Unrat aus dem Film ›Der Blaue Engel‹ erkennen wird.

SEMIOLOGIE (oder SEMIOTIK)

Unter dem Begriff der *Semiologie* versteht man die Wissenschaft, die sich mit den → ZEICHEN befaßt. Eco ist Professor für Semiotik an der Universität Bologna. Sämtliche Kommunikationsphänomene linguistischer sowie nichtlinguistischer Art können semiotisch untersucht werden. Studenten der Semiotik beschäftigen sich demzufolge mit einer Vielzahl von Forschungsbereichen, von der Linguistik bis hin zu Ästhetik, Logik und Soziologie.

ZEICHEN

Ein großer Teil der theoretischen Arbeit Ecos ist der Bestimmung des Begriffs des *Zeichens* gewidmet.

Zwischen Sender und Empfänger ist eine beiderseitige Verständigung aufgrund eines gemeinsamen → CODES möglich, der die Verwendung der linguistischen (z. B. Wörter) und nichtlinguistischen Zeichen (z. B. Bilder oder Gesten) organisiert und regelt. Einem linguistischen Modell wie dem De Saussures zufolge wird das Zeichen aus dem Zusammenspiel von *Bezeichnendem* und *Bezeichnetem* gebildet. Das Bezeichnende ist z. B. das Wort /Hund/, mit dem Bezeichneten ist hingegen die Gesamtheit aller existierenden Hunde oder ein ganz bestimmter Hund gemeint, von dem gerade die Rede ist.

In seinem Buch *Semiotik. Entwurf einer Theorie der Zeichen* gibt Eco eine sehr genaue Klassifizierung der verschiedenen Zeichen und präzisiert die unterschiedlichen Bedeutungen dieses Begriffs. Neuerdings tendiert Eco dazu, einen festen Bezug zwischen Bezeichnendem und Bezeichnetem eines Zeichens auszuschließen. Daraus folgt, daß man nicht annehmen darf, daß der Code etwas ist, das ein für allemal festgelegt sei. Eco zufolge werden auf dem Weg vom Zeichen zum Bezeichneten immer noch Hypothesen hinzugefügt, ein Vorgehen, das mit dem eines Detektivs zu vergleichen ist, der einer Spur oder einem *Zeichen* zum Ort der Tat folgt. Dieser Einfügungsmechanismus, der beim Vorhandensein eines Zeichens hypothetisch eine Regel, einen Code oder ein Movens aufstellt, wird *Ableitung* genannt. Die Bedeutung, die Eco dem Ableitungsmechanismus beimißt, kommt in seinen beiden Romanen, die im Grunde nichts weiter als packende Kriminalromane sind, klar zum Ausdruck.

Enrico Viceconte

Einleitung

Umberto Ecos Roman *Das Foucaultsche Pendel* spaltete das Heer der italienischen Leser in zwei feindliche Lager. Es schien, als würde dieser Anlaß zum erstenmal seit langer Zeit jene radikale Leidenschaft neu beleben, an der sich bis zum Ende der siebziger Jahre die politischen Diskussionen der außerparlamentarischen Linken in Italien entzündet hatten. Heute, zu Beginn der neunziger Jahre, ist diese Begeisterung dem sogenannten ›pragmatischen Realismus‹ gewichen, in dem die revolutionären Träume von 1968 fast vollständig untergegangen sind.

Kritiker mit gemäßigten und ausgeglichenen Standpunkten, die Ecos Roman weder kategorisch ablehnten noch vorbehaltlos akzeptierten, gab es nur wenige. Von den positiven Stimmen scheint uns die Meinung des italienischen Schriftstellers Alberto Moravia am überzeugendsten, der mit wenigen Worten den Charakter des Romans treffend beschreibt: *»Eco ist gut. Er hat einen Bildungsroman geschrieben, der vergnüglich zu lesen ist. Wie eine Vorlesung an der Universität, bei der der Professor einen kurzen Roman vorliest.«*

Aber es gibt auch noch die bösen Zungen und die Kritiker, denen jede Übertreibung recht ist. Zu den ersten gehört zweifellos Aldo Busi, der sich wie immer gegen alle stellt: *»Pessoa, Yourcenar, Kundera und Eco gehören zu den Schriftstellern, deren Werke man zwar gelesen haben muß, die im wesentlichen aber jeden geistigen Gehalt vermissen lassen. Die Verlagsindustrie hat genau auf dieser Tatsache ihr Imperium errichtet, um diejenigen Leser mit Beschlag zu belegen, die in puncto Literaturauswahl keine schlechte Figur machen wollen.«*

Wir halten diese Behauptung nicht für überzeugend, auch wenn es durchaus angebracht wäre, sich über den heutigen Kulturbetrieb Gedanken zu machen. Aldo Busis Aussage enttäuscht vor allem durch die Aneinanderreihung so verschiedener Autoren und durch den vernichtenden Ton, den er anschlägt, wo er doch seinen eigenen schriftstellerischen Erfolg in erster Linie Skandalen zu verdanken hat.

Wir möchten bei dieser Gelegenheit einen anderen, wenn auch weniger qualifizierten Kritiker Ecos nicht vergessen, über dessen Aussagen man sich, wie wir meinen, durchaus amüsieren kann: den König der italienischen Quizmaster, Mike Buongiorno. Dieser gnadenlose Erfinder von Quizsendungen, den ausgerechnet Umberto Eco in einem seiner Werke analysiert hat (›Phänomenologie des Mike Buongiorno‹), definiert den Autor des Romans *Der Name der Rose* als *»absolut mittelmäßig, wobei dies die einzige Eigenschaft ist, die Eco in nennenswertem Maße besitzt«*.

Nicht weniger kategorisch, aber ebenso fragwürdig sind die Aussagen derjenigen, die ihre Kritik am *Pendel* maßlos übertreiben. Am unerträglichsten fanden wir die Kritiker, die das *Pendel* noch als Manuskript bzw. als Entwurf zu lesen, und deren Buchbesprechungen noch vor dem offiziellen Verkauf des Romans erschienen. Diese Kritiker waren stolz darauf, aus der großen Masse der gewöhnlichen Leser herauszuragen, gegenüber denen sie sich – wie sie auch bei passender Gelegenheit immer wieder betonten – als etwas ›Besonderes‹ fühlten. Böse Zungen behaupten, daß die Vorbesprechungen, die Heimlichtuerei und das Schweigen von Autor und Verleger Teil einer geschickt angelegten Werbekampagne waren, durch die sich die außergewöhnlich hohen Verkaufszahlen des Romans erklären lassen.

Nach dem Erscheinen des Buches gab es zahlreiche detaillierte positive Rezensionen, die sich jedoch, wie der Kritiker Beniamino Placido feststellte, mit den gegensätzlichen Meinungen in etwa die Waage hielten. Wir möchten hier auf den scharfen Angriff von Fernando Salsano nicht weiter eingehen, der in einem argumentativ schwachen Artikel im *Osservatore Romano,* dem Presseorgan des Vatikans, von einer »erzählerischen Heimsuchung« spricht, »die verzerrt, entweiht und beleidigt« (13. November 1988). Den totalen Verriß des Universitätsprofessors und Schriftstellers Edoardo Sanguineti, der sich unter anderem die Frage stellt, warum Ecos Roman ein Erfolg wurde, halten wir für weitaus interessanter: *»Kein noch so geschicktes Vorgehen der Verlagsindustrie, keine Werbestrategie oder Lancierungstaktik, kein Geniestreich oder noch so gutes Marketing, keine Markterforschungsstrategie, keine Strategie zur Erfüllung unbewußter Erwartungshaltungen, keine Manipulation von Bedürfnissen, kein ›made in Italy‹ könnten den phänomenalen Erfolg dieses Bestsellers erklären«* (erschienen im italienischen Magazin *Rinascita* Nr. 37 vom 15. Oktober 1988).

Erwähnen sollte man hier auch die scharfe Kritik Pietro Citatis, der keine Antwort auf die Frage findet, ob es sich gelohnt habe, dieses Buch zu schreiben, der sich jedoch selbst eine Antwort gibt, indem er sagt, Eco sei weder Calvin noch Cioran oder gar Borges. Citati versucht, Eco zu beschreiben, und provoziert damit weitere Meinungsverschiedenheiten und polemische Äußerungen: »*Eco hat alle Eigenschaften eines großen Possenreißers. Lebendigkeit, Gewöhnlichkeit, Stümperei; völlige Einfallslosigkeit; das armselige Vergnügen, vor dem Spiegel über den eigenen grotesken Anblick zu lachen; völlige Ungläubigkeit; Abscheu vor der Leere; die Fähigkeit, alle Dinge, die ihm unter die Augen kommen, in sich aufzusaugen – auch jenen Engel dort, der sich an sein Fenster verirrt hat; totale Oberflächlichkeit; die Gabe der Übertreibung und der Entstellung; das irrsinnige Verlangen, so viele Informationen wie möglich zu sammeln (Bücher, Anekdoten, Gemälde, Zitate) und diese im Computer zu speichern. Hierzu gesellen sich andere, weniger großartige Aspekte: ein Anklang studentischen Geistes, Tratsch aus dem Verlagsmilieu, die exzentrischen Einfälle der Professoren im Restaurant während der Pause einer Konferenz über Philosophie und Literatur*« (erschienen in *la Repubblica* am 21. Oktober 1988).

Als Vertreter der Gegenseite schreibt der Historiker Alberto Asor Rosa, das *Pendel* sei ein Roman »*dessen Inhalte im wesentlichen freien Assoziationen entspringen und dessen Ziel es ist, ein anderes System der Welt darzulegen*« (erschienen in *la Repubblica* am 4. Oktober 1988).

Maria Corti, die in ihrem Artikel ›Ecos neuer Roman – Ich sage Ihnen, warum er gut ist‹ (erschienen im italienischen Magazin *Panorama* am 2. Oktober 1988) ihre Meinung ausführlich und überzeugend darlegt, kommt zu folgendem Schluß: »*Der Platz für diesen Artikel ist knapp bemessen: Ich würde gerne einige Seiten des Romans anführen, die man guten Gewissens in eine Anthologie aufnehmen könnte. Zum Beispiel die Stellen über den Unterschied zwischen den Dämlichen und den Dummen, über die Ungläubigkeit, den Zynismus und das Imaginäre, über die Macht des Feuilletons, in dem das Leben gezeigt wird, wie es wirklich ist: ›Die Frauen gleichen eher der Mylady aus den „Drei Musketieren" als Lucia Mondella aus Manzonis „Die Verlobten".‹ Im Unterschied zum* Namen der Rose *verdanken wir dieses zweite Werk einem Autor, der sowohl thematische als*

auch formale Probleme zu lösen versucht, kurz gesagt, einem
wahren Schriftsteller. Vielleicht ist das stilistische Niveau dieses
neuen Romans noch höher, denn es handelt sich um einen sehr
eigenen Stil, geprägt durch eine freiere Darstellung und das stär-
kere persönliche Engagement des Autors.«

Viele haben über das *Pendel* geschrieben und diskutiert, aber
es ist uns leider nicht möglich, alle Kritikermeinungen ausführlich darzustellen.

Die hier aufgeführten Zitate sind nur ein Beispiel für die
Diskussion, die im Anschluß an die Veröffentlichung von Ecos
Roman in Italien geführt wurde und die eigentlich nur bestätigt, wie sehr es sich lohnt, das *Pendel* zu lesen. Nur so kann
man sich eine eigene Meinung über ein Buch bilden, das zusammen mit dem Roman *Der Name der Rose* zu den bedeutendsten Werken italienischer Erzählkunst des ausgehenden
20. Jahrhunderts gehört.

Sicher bereitet die Lektüre des *Pendels* auch einige Schwierigkeiten, wie der Journalist Enzo Forcella in der italienischen
Tageszeitung *la Repubblica* am 4. Oktober 1988 schreibt: »Das
Foucaultsche Pendel ist sowohl Roman wie auch immenses
chaotisches Archiv, eine ironische Enzyklopädie der okkulten
Wissenschaften. In der traditionellen Erzählung versucht der
Autor stets, die literarischen Werke und kulturellen Einflüsse zu
verbergen, die ihn inspiriert haben. Er wandelt sie sozusagen
beim Schreiben um. Hier jedoch wird alles ausdrücklich darge-
legt und zur Schau gestellt. Und zwar mit Absicht. Der Leser soll
sich im Labyrinth der Zitate und Anspielungen verirren, so wie
die Protagonisten in dem von ihnen selbst erdachten Komplott.
Um Geschmack an diesem Spiel zu finden, sollte man jedoch die
Regeln kennen. Und so würde es sich vielleicht lohnen, dem Le-
ser einige Hilfen zu geben, mit denen er sich bei der Erforschung
des Romans zurechtfinden kann.«

Enzo Forcella gibt dann einige wichtige Hinweise und Informationen. Daß dies durchaus angebracht ist, zeigt die
Tatsache, daß Umberto Eco selbst klar und deutlich auf die
Schwierigkeiten bei der Lektüre seines Romans hingewiesen
hat.

Wie eine Warnung klingt auch das dem Roman vorange-
stellte Zitat aus dem Werk *De occulta philosophia* von Heinrich
Cornelius Agrippa von Nettesheim:

»Für euch, Kinder der Wissenschaft und der Weisheit, haben wir dieses geschrieben. Erforschet das Buch und suchet euch unsere Ansicht zusammen, die wir verstreut und an mehreren Orten dargetan haben; was euch an einem Orte verborgenbleibt, das haben wir an einem anderen offengelegt, damit es faßbar werde für eure Weisheit.«

Wir wissen nicht, wie viele Kritiker und Rezensenten – Kinder der Wissenschaft und der Weisheit – in der Lage waren, Ecos Buch tatsächlich zu erforschen. Da wir keine Kinder der Wissenschaft und der Weisheit sind und uns auch nicht als solche fühlen, haben wir uns darauf beschränkt, die Anregung des Autors aufzugreifen und den von Enzo Forcella vorgegebenen Weg weiterzugehen.

Wir haben versucht, einige zusätzliche Anhaltspunkte zu liefern, ohne jedoch behaupten zu wollen, wir hätten einen Führer für die Lektüre des *Pendels* geschaf-fen.

Unser Buch soll zum besseren Verständnis des Romans dienen, wobei das Ziel im wesentlichen darin liegt, dem Leser detaillierte Informationen zu liefern. Wir hoffen, Neugier und Interesse für einen Roman zu wecken, dessen Lektüre sich auf jeden Fall lohnt.

Aufgrund dieser Überlegungen haben wir unser Buch in sechs Teile gegliedert:

I. Die Personen

Dieser Teil enthält eine Kurzbeschreibung der Romanfiguren und der Rollen, die sie im Roman spielen.

II. Schema des Romans

Jeder Teil wurde in mehrere Kapitel unterteilt. Einzelne Gruppen von Kapiteln wurden unter einem auf den Inhalt verweisenden Titel zusammengefaßt. Es folgt jeweils eine kurze Inhaltsangabe.

III. Die Geschichte

Das vorangehende ›Schema‹ ist bereits ein kurzer Abriß des Romans. Für diejenigen, die detaillierte Angaben benötigen, haben wir Teil III vorgesehen, der keine Inhaltsangabe der Geschichte sein soll, sondern das Schema des Romans ausführlicher darstellt.

IV. Belbos Erinnerungen

Hier werden alle Computerdateien aufgeführt, jeweils mit Kurzkommentar und den wichtigsten Informationen über die in den *files* enthaltenen Anspielungen.
Wir hielten es für günstiger, Belbos Aufzeichnungen nach diesem System getrennt von den anderen Teilen der Geschichte zusammenzufassen.
Einerseits um eine einheitliche Darstellung zu ermöglichen, andererseits weil Belbos Erinnerungen, wie wir bereits im Vorwort erwähnt haben, als eigenständige Geschichte gelesen werden können. Aus den *files* läßt sich die Persönlichkeit Belbos deutlich erkennen, mit ihren Widersprüchen, Gefühlen und den darauf begründeten Entscheidungen und Verzichten.

V. Informationsblätter

Die Informationsblätter enthalten Hinweise zu den wichtigsten geschichtlichen, philosophischen und kulturellen Anspielungen, die Eco großzügig in seinem Roman verteilt hat. Wir können hier natürlich nur auf einen sehr geringen Teil dieser Bezüge eingehen.
Das Ziel der Informationsblätter liegt jedoch nicht nur in der Information, sondern auch im Hinweis darauf, daß man das *Pendel* ein zweites, ja sogar ein drittes Mal mit wachsendem Interesse lesen kann. Jeder Leser kann die von uns erstellten Informationsblätter zu Hilfe nehmen, um die Bedeutung aller anderen Anspielungen und Zitate zu erforschen, die in unser Buch nicht aufgenommen werden konnten.
Wir verstehen unsere Hinweise als Anregung zu einer ausführlicheren, auf jeden Fall aber faszinierenden Beschäftigung mit einem Text, der eine Vielzahl an Stichworten liefert und auf keinen Fall nach der ersten Lektüre in den Bücherschrank zurückgestellt und dort vergessen werden sollte.

VI. Das Spiel

Die Lektüre des *Pendels* hat uns begeistert, bewegt, erheitert und geärgert. Gelangweilt hat sie uns nie. Oft haben wir Eco wegen seiner seitenlangen Aufzählung von Wissen verwünscht. Genauso oft jedoch hat uns dieses Spiel auch gefallen. Und gerade dem Spiel ist der letzte Teil unseres Buches gewidmet. Wir haben dem Autor okkulte Absichten unterstellt, die durch Zerlegen und Zusammenfügen der im Roman verstreuten Spuren enthüllt werden.

Einige dieser Spuren haben wir entdeckt. Stundenlang saßen wir in unserem Zimmer, abgeschirmt von der Außenwelt und von allen Ablenkungen. Wir haben uns köstlich amüsiert, literweise Kaffee getrunken und zahlreiche Aschenbecher gefüllt auf einer Reise in die Welt der Anspielungen, der Symbole und der Geheimnisse. Auch auf diese Weise kann sich der Leser mit Ecos Roman beschäftigen, wenn er Bildung und Phantasie miteinander verbindet. Bei der Lektüre dieses Buches wünschen wir Ihnen viel Vergnügen.

I.
Die Personen

Die Erfinder des Plans

Casaubon, Belbo und Diotallevi arbeiten als Redakteure im Verlagshaus Garamond und sind die Erfinder der Rekonstruktion bzw. die Neuerfinder der Geschichte und des Plans der Templer.

Casaubon ist, wie Adson von Melk im *Namen der Rose,* das erzählende Ich. Er ist der jüngste der drei Hauptfiguren. Zu Beginn der von ihm erzählten Ereignisse ist er Student an der Universität.

Er hat keinen Vornamen, nur einen Nachnamen, der an den des Genfer Autors der *Exercitationes,* Isaac Casaubon (1559–1614), erinnert. In den *Exercitationes* wird widerlegt, daß das *Corpus hermeticum* Hermes Trismegistos zugeschrieben werden kann (s. a. Informationsblätter). Durch diese Widerlegung stellen die *Exercitationes* den Scheidepunkt zwischen der magisch-hermetischen Kultur der Renaissance und der der Moderne dar.

Lia hat den Spitznamen ›Pim‹ für Casaubon erfunden. Vielleicht ist dieser Name eine Anspielung auf den jungen Protagonisten in E. A. Poes Roman *Die Abenteuer des Gordon Pym,* der auf seinem Boot durch dunkle Kräfte in Richtung Süden gezogen wird.

Belbo beteiligt sich an der Rekonstruktion des Plans der Templer und taucht dabei mit seinem eigenen Leben und Schicksal immer tiefer in die verschiedenen Begebenheiten und Ereignisse der Verschwörung ein. Belbo ist ein äußerst komplexer und faszinierender Charakter, widersprüchlich in seinen Wünschen, seinen Frustrationen, seinen Gefühlen, seinem Denken sowie in seiner Unsicherheit und seinen Selbstzweifeln. Am liebsten unterhält er sich mit Abulafia, dem Computer, dem er seine Erinnerungen und seine Träume anvertraut (s. a. IV. Teil).

Diotallevi spielt mit der Kabbala: Er glaubt, Jude zu sein. In der Thora sucht er die Wahrheit und die Erkenntnis, vor der er sich aber gleichzeitig auch fürchtet. Sein von Krebs gepeinigter Körper wird Opfer dieses Systems unendlicher Möglichkeiten von Kombinationen, die er bei seinen kabbalistischen Forschungen ausprobiert.

Der Verleger

Garamond ist der Verleger, in dessen unheilvollem Haus Belbo und Diotallevi arbeiten, zu welchen sich kurze Zeit später auch Casaubon gesellt. Garamond ist ein äußerst geschäftstüchtiger Mensch. Um jede Möglichkeit des Geldverdienens auszuschöpfen, gründet er einen neuen Verlag mit Namen Manuzio. Dieser Verlag ist nichts anderes als eine Falle, wo er schlechten Schriftstellern Geld abnimmt, die, nur um eine Möglichkeit zu haben, ihre Bücher zu publizieren, bereit sind, alle anfallenden Kosten selbst zu tragen.

Garamond stellt sich im Laufe der Handlung als Mitbeteiligter an dem Komplott heraus, das Belbo mit seinem Leben bezahlen muß. Garamond reiht sich schließlich in die Reihen der Diaboliker ein.

In diesem Zusammenhang sei darauf hingewiesen, daß Claude Garamond (1499–1562) den Schrifttyp der sogenannten *Omon* schuf, einer Schrift, die von den meisten modernen Verlagshäusern übernommen wurde. Aldo Manuzio (1450–1515) war ebenfalls Buchdrucker und Verleger. Er führte in Venedig ein beispielhaftes Modell editorischer und typographischer Perfektion ein und war der erste, der Verlagskataloge mit Preisen druckte.

Die Frauen

Amparo, Lorenza Pellegrini und **Lia** sind die drei Frauen des Romans. Jede von ihnen verkörpert einen bestimmten Frauentyp mit jeweils bestimmten Eigenschaften und einer eigenen Funktion.

Amparo ist die Frau, die ihre Jugend und ihre Schönheit nach allen Kräften auslebt, die keine Pläne faßt, sondern sich ganz den sinnlichen Vergnügungen hingibt. Casaubon durchlebt mit ihr die Erfahrungen der Jugend. Er verliebt sich in sie und verbringt mit ihr zwei Jahre völliger Freiheit in Brasilien. Amparo ist nicht nur schön und anziehend. Sie ist überdies auch eine intelligente Frau, die ihre Illusionen bereits hinter sich gelassen hat; sie ist darüber hinaus Marxistin. Dies hindert sie aber nicht daran, in ihrem Innersten von tiefgründigen und irrationalen Kräften getrieben zu sein. Diese Kräfte treten ei-

nes Nachts während einer Umbanda-Feier zutage, einer Kult-
feier ihrer Landsleute. Daraufhin flieht sie vor Casaubon, der
seinerseits aber auch nichts unternimmt, um sie zurückzuhal-
ten. Casaubon ist durch die Erfahrungen mit Amparo gereift
und kehrt nun allein nach Italien zurück, nachdem er den Le-
bensabschnitt jugendlicher erotischer Neugier, voll von Enthu-
siasmus und Irrationalität, ausgelebt hat.

Lorenza ist die Frau, die von allen begehrt wird: Jacopo Belbo ist in sie verliebt, jeder einzelne Ausdruck und jede ihrer
Gebärden werden von ihm aufs genaueste untersucht. Er versucht vergeblich, sie ganz für sich zu gewinnen. Lorenza hat die
Gabe, alle Männer, die in ihre Nähe geraten, in ihren Bann zu
ziehen und zu verwirren. Agliè sieht in ihr die Hure und die
Heilige. Riccardo, der langweilige und mittelmäßige Maler,
wagt nicht mehr als einen zufälligen körperlichen Kontakt. Eine tiefe und echte Bindung Lorenzas besteht nur zu Belbo. Es
gelingt den beiden im Verlauf der ganzen Geschichte nicht, sich
zu lieben, jedoch bezahlt Lorenza am Schluß des Romans den
vergeblichen Versuch, Belbo mit ihrem Körper zu schützen,
mit dem Leben. Die Vereinigung vollzieht sich erst im Opfer
und im gleichzeitigen Tod beider.

Auch Casaubon verspürt das Verlangen nach Lorenzas Körper. Allerdings wird er während des magischen Ritus im Schloß
der Rosenkreuzer durch die Erscheinung ihres beunruhigen-
den und halluzinierenden Bildes, das wie real wirkt, vor ihr
gewarnt.

Lia ist eine richtige Gefährtin, und zusammen mit ihr ist es
Casaubon möglich, eine stabile Partnerschaft aufzubauen. Es
gibt keine formellen Riten, die ihre Bindung legalisieren würde; trotzdem sind die Worte, die Casaubon als Schlußfolgerung
seiner Begegnung mit Lia niederschreibt, als echtes Heirats-
gelübde zu sehen: »*So waren wir Fleisch von einem Fleische.*«

Lia erfüllt alle Voraussetzungen, um Casaubons Lebensgefährtin zu sein. Sie ist schön und intelligent, sie hat ihre eigene
Arbeit, aber sie ist gleichzeitig Casaubons aufmerksame Mitarbeiterin. Sie ist der rationale Geist, der immer wieder systematisch die Phantasiegebilde zur Geschichte der Templer zer-
stört. Lia steht für die Realität und den Fortgang des Lebens –
sie ist Geliebte, Frau und Mutter –, und nur sie allein ist fähig,
diesen Fortgang durch die Geburt ihres Sohnes Giulio zu verwirklichen.

Weder Amparo, die Vertreterin der Liebeserfüllung, noch Lorenza, die für das ungestillte Verlangen steht, können Ecos Ansicht nach die Rolle der Gefährtin und der Mutter übernehmen, da beide so sehr von unkontrollierbaren Gefühlen und Impulsen geleitet werden. Diese Rolle ist nur Lia vergönnt, nur sie verkörpert Eigenschaften wie unbedingte Stabilität und Kontinuität.

Dadurch kann Casaubon den Weg nach seinen eigenen kreativen Vorstellungen weiter verfolgen. Vielleicht ist es dieser Weg seiner Imagination, der ihn schließlich auch in den Tod führt. Sicher aber entfernt und entfremdet er ihn von Lia und seinem Sohn Giulio.

Beide gehen dennoch ihren eigenen Weg, ein Leben, das Casaubon mitverursacht hat und an dem er doch auch aktiven Anteil hat.

Die Diaboliker

Die wichtigsten Diaboliker

Sie lenken und beeinflussen insgeheim die Rekonstruktion des Großen Planes der Templer. Heimlich verschaffen sie sich mit diabolischer Gerissenheit Zugang zur Geschichte, beflügeln Casaubons Phantasie und bestimmen Belbos Handeln. Dabei verfolgen sie nur ein Ziel, nämlich in den Besitz der geheimen Karte zu gelangen.

Agliè ist ein diabolischer alter Herr aus Mailand, den Casaubon in Brasilien kennenlernt. Es hat den Anschein, als wäre er unsterblich. Er will dies die anderen glauben machen, indem er vorgibt, der sagenumwobene Graf von Saint-Germain zu sein.

Agliè steht an der Spitze der zahlreichen Diaboliker, die im Roman auftreten, und er ist der Urheber jenes Komplotts, das in Belbos Gefangennahme endet.

Salon, der Tierkörperpräparator, Sohn eines Agenten der russischen Geheimpolizei aus der Zarenzeit, arbeitet möglicherweise als Polizeispitzel. Er kreuzt den Weg Casaubons mehrmals und liefert ihm immer neue Hypothesen über mögliche Verschwörungen. Casaubon ist fasziniert von Salon, seine Gefühle ihm gegenüber werden jedoch gleichzeitig von Abscheu und einer gewissen Furcht bestimmt.

Die gewöhnlichen Diaboliker

Zu dieser Gruppe gehört Professor **Bramanti,** den Casaubon in Brasilien kennenlernt, als er einen Vortrag über die Rosenkreuzer besucht. Bramanti liefert unbewußt den Anlaß für das Hermes-Projekt des Garamond-Verlages. Er ist der Großmeister, der später die Initiationsriten leitet.

Ardenti, ein ehemaliger faschistischer Oberst, präsentiert den Lektoren eine Handschrift aus Provins, die in seinen Augen den Beweis für die Existenz des Templerplanes bildet. Damit ist er der Auslöser für die Nachforschungen Belbos, Casaubons und Diotallevis. Nach seinem mysteriösen Verschwinden erscheint er am Ende des Romans auf ebenso geheimnisvolle Weise wieder bei der Versammlung der Diaboliker im Conservatoire des Arts et Métiers in Paris.

Die unbedeutenden Diaboliker

Sie versammeln sich zum Schluß im Saal des Conservatoire, wo die Opferung Belbos vollzogen wird. Hier und da erscheinen sie im Roman.

Commendator De Gubernatis hat schriftstellerische Ambitionen und stellt sich mit seinem Manuskript beim Manuzio-Verlag vor. Auch **Professor Camestres** erscheint mit einem Werk, in dem er die Theorien von Aleister Crowley (s. Informationsblätter) widerlegt. Er hat nicht die Absicht, sein Buch selbst zu finanzieren, und wird daher vom Verlag abgelehnt.

Pierre tritt zum erstenmal im Agliès Haus auf, wo er mit Bramanti eine heftige Auseinandersetzung hat. Agliè schlichtet den Streit zwischen den beiden, die er zwar verachtet, mit denen er jedoch durch geheime Bande verbunden ist.

Riccardo ist ein langweiliger, mittelmäßiger Maler, der ein kurzes Abenteuer mit Lorenza hat. Gegen ihn, wie gegen alle Männer Lorenzas, richtet sich Belbos Haß (s. Computerdatei 7).

Der Kommissar

De Angelis ist Kommissar der politischen Polizei, die das Verschwinden und die mögliche Ermordung Ardentis untersucht. Dabei befragt er auch Belbo und Casaubon. Im Laufe des Romans trifft er beide in unregelmäßigen Abständen wieder, wobei die einzelnen Begegnungen jeweils besondere Bedeutung haben.

De Angelis ist intelligent, geduldig und zeigt menschliche Züge, steht jedoch auf der Verliererseite. Als er wegen seiner Nachforschungen Morddrohungen erhält, gibt er auf und zieht mit seiner Familie nach Sardinien.

Der Computer

Abulafia ist der Computer, auf dem Belbo Spuren und Zeugnisse des Großen Planes hinterläßt. Mit Abulafias Hilfe kann Casaubon die Ereignisse rekonstruieren, die sich während seiner einmonatigen Abwesenheit von Mailand zugetragen haben. Damit gelingt es ihm, wenn auch zu spät, Belbos Spur in Paris ausfindig zu machen. Abulafia ist gleichzeitig der Vertraute Belbos und Hüter seiner erzählerischen Versuche, seiner Gefühle und Leidenschaften.

Abraham Abulafia, ein Vertreter der jüdischen Mystik aus dem 13. Jahrhundert, beschäftigte sich mit der Wissenschaft der unendlichen Buchstabenkombinationen der Thora. Diese Technik ähnelt der Vorgehensweise des Computers, den Belbo nach der Verkleinerungsform von Abulafia liebevoll ›Abu‹ nennt.

II.
Schema des Romans

Kether – der Urpunkt

I) Das Conservatoire des Arts et Métiers

Die Erzählung beginnt in der Nacht vom 23. auf den 24. Juni 1984: Casaubon, Protagonist und Erzähler, befindet sich in den Räumen des Conservatoire des Arts et Métiers in Paris und wartet auf die Ereignisse, die den Epilog einer Geschichte bilden, die sich in einem Zeitraum von insgesamt 14 Jahren abgespielt hat.

Chochmah – die Weisheit

3. BIS 6. KAPITEL

II) Das Paßwort

Die Rekonstruktion der Ereignisse beginnt mit einer kurzen Rückschau. Zwei Tage zuvor, nach dem Verschwinden Belbos, hatte Casaubon dessen Wohnung aufgesucht, um mit Hilfe der von Belbo angelegten Computerdateien eine Spur zu finden.

Nach einigen vergeblichen Versuchen Casaubons, das Paßwort herauszufinden, entdeckt er, daß Belbo das Schlüsselwort **NEIN** gewählt hat.

Binah – die Einsicht

7. BIS 11. KAPITEL

III) Casaubon und Belbo

Hier erfolgt die Schilderung des Lebens und der Erfahrungen Casaubons sowie seiner Bekanntschaft mit Belbo. Nach einer Charakterisierung Belbos folgen dessen Kindheitserinnerungen.

12. BIS 14. KAPITEL

IV) Garamond – die Geschichte der Templer

Garamond ist der Name des Verlags, bei dem Belbo und Diotallevi als Lektoren arbeiten und den Casaubon auf Einladung Belbos hin aufsucht.

Casaubon erzählt Belbo und Diotallevi, daß er gerade an einer Dissertation über die Geschichte der Templer arbeitet.

15. UND 16. KAPITEL

V) Die Flucht – Amparo
Belbo und Casaubon nehmen an einer studentischen Demonstration teil und flüchten, als Unruhen ausbrechen.

Casaubon lernt Amparo, eine junge Brasilianerin, kennen und verliebt sich in sie.

19. BIS 22. KAPITEL

V) Ardenti
Oberst Ardenti erscheint beim Garamond-Verlag und legt ein Manuskript über einen Plan der Templer zur Eroberung der Welt vor. Er überläßt Belbo eine Kopie.

Am Tag darauf werden Belbo und Casaubon von Kommissar De Angelis befragt, der die Untersuchungen über das Verschwinden des Obersts leitet und davon ausgeht, daß Ardenti einem Mord zum Opfer gefallen ist.

Chessed – die Liebe

23. BIS 33. KAPITEL

VII) Die Reise nach Brasilien
A) *Agliè*
Casaubon reist mit Amparo nach Brasilien, wo ihn zwei Briefe von Belbo erreichen, in denen dieser ihn über die Untersuchungen von Kommissar De Angelis informiert.

Casaubons und Amparos Reise führt nach Bahia, wo sie Agliè kennenlernen. Casaubon erzählt Amparo die Geschichte der Rosenkreuzer, über die er sich ein Buch gekauft hat. Als sie wieder in Rio sind, hören beide einen Vortrag von Professor Bramanti über die Rosenkreuzer. Bramantis Theorien werden jedoch später von Agliè angezweifelt.

B) *Der Umbanda-Kult*
Zusammen mit Agliè nehmen Casaubon und Amparo an einem Umbanda-Ritus teil, der mit einem Trancezustand Ampa-

ros endet. Agliè verläßt Brasilien und kehrt nach Mailand zurück, Amparo reist nach Petropolis. Casaubon bleibt noch ein weiteres Jahr in Brasilien.

Geburah – das Böse

34. BIS 48. KAPITEL

VIII) Die Rückkehr nach Italien: Manuzio – das Hermes-Projekt

Nach seiner Rückkehr aus Brasilien findet Casaubon in Italien eine veränderte politische und soziale Lage vor. (Zwei Jahre zuvor war der italienische Politiker Aldo Moro ermordet worden.) Er lernt Belbos große Liebe Lorenza Pellegrini kennen und beschließt, eine Agentur für Bildungsauskünfte zu eröffnen. Er begegnet Lia, seiner zukünftigen Lebensgefährtin, und sieht auch Belbo wieder. Casaubon kehrt zum Garamond-Verlag zurück, wo er die Aufgabe erhält, in alten Schriften passende Illustrationen für das Buch »Die Geschichte der Metalle« ausfindig zu machen. Bei dieser Gelegenheit lernt er den Manuzio-Verlag kennen, der ebenfalls Signor Garamond gehört. Dort werden die Bücher auf Kosten der Autoren publiziert.

Professor Bramanti erscheint beim Verlag und schlägt vor, eine Buchreihe über das Thema okkulte Wissenschaften zu veröffentlichen. In der Hoffnung, davon zu profitieren, greift Garamond die Idee sofort auf und initiiert das Hermes-Projekt. Agliè wird als Berater engagiert.

49. UND 50. KAPITEL

IX) Belbo: seine Erinnerungen – seine Frauen

Um das Prinzip der ›spirituellen Ritterschaft‹ zu erläutern, erzählt Belbo eine Geschichte aus dem Leben seines Onkels Carlo.

Der Grundsatz wird später bei der Rekonstruktion des Geheimnisses der Templer wiederaufgegriffen.

Lorenza lädt Belbo und Casaubon zu einer Ausstellung des Malers Riccardo ein. Dort erzählt sie von ihrer Beziehung zu Agliè und erregt damit Belbos Eifersucht.

X) Salon, der Taxidermist

Casaubons Suche nach Illustrationen für die »Geschichte der Metalle« führt ihn nach München ins Deutsche Museum. Dort trifft er Salon, der ihm von den unterirdischen Kanalsystemen der Großstädte erzählt, denen er eine geheimnisvolle Bedeutung beimißt. Er spricht von Saint-Yves d'Alveydre und erwähnt völlig unerwartet Ardentis Verschwinden.

Nach seiner Rückkehr trifft Casaubon Kommissar De Angelis, der ihn über die Synarchie befragt.

Zum erstenmal wird die Sekte namens *Tres* erwähnt, deren Name später wiederholt in der Geschichte auftaucht.

Agliè lädt Garamond, Belbo, Diotallevi und Lorenza zu einem Fest im Schloß eines Rosenkreuzers ein und ermöglicht ihnen, an einem druidischen Ritus teilzunehmen.

55. BIS 62. KAPITEL

XI) Erinnerungen – Riten – Visionen

Da das Schloß des Rosenkreuzers in der Nähe von Belbos Heimatort liegt, fährt er mit Casaubon, Diotallevi und Lorenza bereits einen Tag früher ab, um das Wochenende im Haus seiner Familie zu verbringen und dort zu arbeiten. Am Abend erzählt Belbo zwei Geschichten aus seiner Kindheit, und Lorenza verkündet unerwartet, sie wolle abreisen.

Casaubon, Diotallevi und Belbo treffen sich mit Agliè und Garamond und fahren gemeinsam zum Schloß, wo bereits Salon, Camestres, Bramanti, De Gubernatis und Pierre warten. Sie nehmen an einer rosenkreuzerischen Zeremonie teil. Casaubon glaubt dabei in einer verwirrenden Vision die Anwesenheit Lorenzas zu spüren. Bei einem Rundgang durch das Schloß hört Casaubon zufällig ein Gespräch zwischen Salon und Pierre über die Geheimnisse der Kloaken von Paris.

Es folgt die Beschreibung eines Initiationsritus im Schloß und eines druidischen Ritus auf einer Waldlichtung.

63. KAPITEL

XII) Lia

Lia ist die Lebensgefährtin Casaubons, von dem sie einen Sohn
erwartet. Ihr Handeln ist den ganzen Roman hindurch rational
geprägt und steht damit im Gegensatz zu den Phantasien über
die vermutlichen Komplotte der Templer. In einem Gespräch
mit Casaubon findet sie für Phänomene, die den anderen mysteriös erscheinen, einfache und natürliche Erklärungen.

Tifereth – Schönheit und Harmonie

64. BIS 77. KAPITEL

XIII) Der Plan der Templer: Rekonstruktion und/oder Erfindung?

Es ist das Jahr, in dem Casaubon, Belbo und Diotallevi damit
beginnen, den Großen Plan der Templer zu rekonstruieren
bzw. neu zu erfinden. Sie verwenden dabei sowohl den Computer als auch die von den ›Diabolikern‹ verfaßten Schriften,
die aufgrund des neuen Einfalls Garamonds, der »Illustrierten
Geschichte der magischen und hermetischen Wissenschaften«,
im Verlag gesammelt werden.

Auf einer kurzen Reise nach Coimbra in Portugal besucht
Casaubon in Tomar eine Festung der Templer. Hier hat er den
Einfall, daß es notwendig sei, das Dokument von Provins, das
ihnen Ardenti gelassen hat, einer weiteren Prüfung zu unterziehen.

Gemeinsam mit Belbo rekonstruiert er die sechs Etappen
der Templer; er studiert die Texte und Manifeste der Rosenkreuzer, die in Deutschland zwischen 1614 und 1616 entstanden
sind, und kommt dabei zu dem Ergebnis, daß bei den sechs
Etappen die ursprünglich vorgesehene Abfolge nicht eingehal-
ten worden ist: Im Jahre 1584 fand die Verabredung zwischen
den Engländern und den Franzosen wegen der gregorianischen
Kalenderreform nicht statt.

Die Engländer entsandten daraufhin mit Hilfe der Deutschen einen Hilferuf, damit die Abfolge der Verabredungen
wieder zustande kommen konnte.

Weitere unterschiedliche Auslegungen der Dokumente der
Rosenkreuzer folgen.

Das verpaßte Treffen war der Grund für eine Zerstreuung der Templer sowie die entsprechenden verschiedenen Versuche, den Plan zu rekonstruieren. Einer dieser Templer ist Francis Bacon, auf den man über die Freimaurerei gestoßen ist.

Zwischen Lia und Casaubon findet eine Unterredung statt. Es folgt die Ankündigung der nahen Geburt des Sohnes von Lia und Casaubon.

78. BIS 80. KAPITEL

XIV) Salons Werkstatt

Salons Interventionen liefern Casaubon neue Elemente, über die er nachdenken kann und die ihn weiter antreiben bei dem Vorhaben, den Großen Plan zu rekonstruieren. Salon behauptet, daß die Templer sich unterirdisch in den Netzen der Großstädte versteckt halten und daß alle großen Gebäude, die die Menschen errichtet haben, sich senkrecht zur Erde wie Sonden oder Antennen erheben.

Aufgrund dieser beiden Informationen ist es Casaubon möglich, weitere Teile der Geschichte der Templer nachzubilden. Giulio wird geboren.

81. BIS 105. KAPITEL

XV) Das Geheimnis der Templer

Worin besteht nun eigentlich das Geheimnis der Templer, das sie sich über die Jahrhunderte weitergegeben haben?

Die Antwort Casaubons, Belbos und Diotallevis lautet, daß sie das Geheimnis der Kelten, nämlich die Möglichkeit, die tellurischen Ströme zu beherrschen, entdeckten. Um diese Kräfte nutzbar machen zu können, benötigten sie aber eine angemessene technische Entwicklung, die sie vor Ablauf eines Zeitraums von 600 Jahren nicht gegeben sahen.

Sie erarbeiteten eine in 36 verschiedene Fragmente aufgeteilte Botschaft. Der Inhalt der Botschaft besagt, daß eine Landkarte unter das Pendel gelegt werden muß, so daß dann vom Pendel der exakte Punkt auf der Erde angezeigt werden kann (der Umbilicus), von dem aus die Energie zur Beherrschung der Welt aufgefangen werden kann.

Nach dem verpaßten Treffen von 1584 war es jedoch nicht mehr möglich, die 36 Fragmente der Botschaft wieder zu rekonstruieren. Im Anschluß daran entstanden neben dem Rekonstruktionsversuch Bacons viele andere Forschungsrichtungen. Eine unter ihnen versuchte, durch die Untersuchung von Höhlen und unterirdischen Gewölben diese Strömungen zu entdecken, ohne dabei auf das Pendel angewiesen zu sein. Alle jene, die auf irgendeine Weise Kenntnis vom Geheimnis der Pendler hatten, begannen nach und nach, an der Suche teilzuhaben. So ergibt sich in Ecos Geschichte eine Aufeinanderfolge von Verschwörungen und gegensätzlichen Strategien.

Diotallevi erkrankt an einem Krebsleiden.

106. KAPITEL

XVI) Die Wäscheliste

Casaubon fährt mit Lia und dem Kind in die Berge, um dort einen Monat lang Ferien zu machen.

Dort gibt Lia ihre Interpretation der angeblichen ›Botschaft‹ aus Provins und beweist, daß es sich um nichts anderes handelt als um eine Notiz eines Kaufmanns (›Die Wäscheliste‹), die demzufolge auch überhaupt kein Geheimnis birgt.

Nezach – der Sieg

107. BIS 111. KAPITEL

XVII) Die Falle

Casaubon kehrt nach Mailand zurück. Belbo ist verschwunden. Die jüngsten Ereignisse werden von Casaubon über den Computer Belbos rekonstruiert. Diotallevi befindet sich nunmehr in der Agonie.

Belbo ist wegen Lorenzas Verhalten auf Agliè wütend und beschließt, sich zu rächen: Er überzeugt Agliè davon, daß er im Besitz der Landkarte der Templer sei, auf der das Pendel den Punkt der Erde, der die Quelle der tellurischen Ströme ist, anzeigen kann.

Agliè versucht vergeblich, Belbo zum Verraten des Geheimnisses zu bewegen.

Als Belbo am nächsten Tag gerade nach Bologna aufbrechen will, erhält er einen Telefonanruf: Agliè hat für ihn einen Platz im Zug reservieren lassen und fragt Belbo, ob er für ihn einen Koffer mitnehmen könne, den er dann einfach im

Gepäcknetz liegenlassen solle, wenn er in Bologna aussteigt. Der Koffer würde dann von einem Freund Agliès in Florenz abgeholt werden. Belbo akzeptiert Agliès Bitte.

Als Belbo nach Mailand zurückkehrt, erfährt er, daß die Sprengmeister der Polizei den Koffer geöffnet und dort eine Bombe gefunden haben, die in Florenz hätte explodieren sollen. Man sucht nun den unbekannten Reisenden, dessen Steckbrief überall ausgehängt ist. Belbo erhält einen weiteren Telefonanruf: Am 20. Juni muß er sich in Paris einfinden, um die Landkarte zu übergeben. Er wird damit erpreßt, daß er denunziert werde, falls er sich weigern sollte.

Belbo ist verzweifelt. Er sucht Agliè und Lorenza, aber beide sind verschwunden. Er bittet Garamond um Hilfe, der ihm rät, dem Befehl zu gehorchen. Belbo entdeckt dann, daß Garamond ebenfalls an der Verschwörung beteiligt ist.

Belbo ist allein. Er besucht Diotallevi, der im Sterben liegt, ein letztes Mal und fährt dann nach Paris.

Nachdem Casaubon diese letzten Ereignisse rekonstruiert hat, folgt er Belbo nach Paris, um seine Spuren zu finden. In der Nacht vom 23. und 24. Juni hält sich Casaubon in einem Versteck in den Sälen des *Conservatoire* auf.

Hod – der Ruhm

112. BIS 117. KAPITEL

XVIII) Ruhm und Tod Belbos

Die Nacht vom 23. zum 24. Juni 1984 ist die Nacht von Belbos Tod, dem Casaubon beiwohnt.

Im großen Saal des Conservatoire kommen die zahlreichen Jünger der unterschiedlichen Sekten zusammen, die alle nach dem Geheimnis der Landkarte suchen. Casaubon erkennt viele der dort Versammelten wieder, unter denen sich auch Ardenti, Salon, Garamond und, wie könnte es auch anders sein, Agliè, befinden. Belbo wird der versammelten Menge vorgeführt, weigert sich aber zu sprechen.

Nichts wird unversucht gelassen, von der Todesdrohung bis hin zu einem Versprechen Agliès, sich mit Belbo die Macht zu teilen.

Es geht sehr lebhaft und aufgeregt in der Menge zu. Sogar

Lorenza befindet sich unter den Anwesenden, und als Belbo auf einen Hocker gehoben und ihm die Schnur des Pendels um den Hals gelegt wird, versucht sie, ihn zu beschützen. Belbos letzte Weigerung löst eine Schlägerei aus, in deren Verlauf Lorenza erstochen wird. Der Hocker, auf dem Belbo steht, wird weggestoßen, und Belbo stirbt, aufgehängt am Pendel, und nimmt das vermeintliche Geheimnis mit sich in den Tod.

Casaubon gelingt es, durch einen unterirdischen Kanal zu fliehen, und er wandert durch die Straßen von Paris. Am darauffolgenden Nachmittag, am Sonntag, kehrt er ins Conservatoire zurück, wo er allerdings keine Spur von den nächtlichen Ereignissen mehr vorfindet. Casaubon besucht den Psychoanalytiker Doktor Wagner.

Jessod – der Anfang
Malchuth – die Wahrheit

118. BIS 120. KAPITEL

XIX) Die Verschwörung – der Schlüsseltext – das Warten

Casaubon ist nach Mailand zurückgekehrt. Diotallevi ist tot.

Casaubon denkt noch einmal über den Großen Plan und die Botschaft der Templer nach, und auch an all die Ereignisse, in die er, bis hin zu Belbos Tod, mit verwickelt war. Erst durch Belbos Tod hatte er verstanden, worin eigentlich die ganze Verschwörung bestand.

Casaubon fährt weg von Mailand und geht in das Haus, in dem Belbo seine Kindheit verbracht hat. Zwischen Belbos Papieren stößt er auf einen Text, den Belbo geschrieben hat, eine Geschichte, die Belbo während des Partisanenkriegs selbst erlebt hat.

Dies ist der *Schlüsseltext,* durch den Casaubon die tieferen Gründe für Belbos Verhalten erfährt, für seine Weigerung, das Geheimnis preiszugeben (oder doch wenigstens eines zu erfinden, das dann hätte preisgegeben werden können), die er mit dem Tod bezahlte.

Nun ist auch Casaubon allein. Er wird gesucht, da die anderen glauben, er sei nun der alleinige Träger des Geheimnisses, das Belbo nicht hatte preisgeben wollen. Es bleibt ihm nur noch übrig, zu warten.

III.

Die Geschichte

I) Das Conservatoire des Arts et Métiers

Die Handlung des Romans beginnt am 23. Juni 1984 in Paris, im Conservatoire des Arts et Métiers. Von da aus erzählt Casaubon alle vorausgegangenen Ereignisse; die Erzählung wird dort, noch in derselben Nacht, im Museumssaal zu Ende geführt.

Während Casaubon das Schließen des Museums abwartet, betrachtet er in der Zwischenzeit die vielen merkwürdigen Ausstellungsstücke. Seine Aufmerksamkeit ist vor allem auf das sich dort befindende Foucaultsche Pendel gerichtet, das ihm gleichzeitig Angst einflößt: eine an einer langen Schnur aufgehängte Kugel, die mit einer von der geographischen Breite abhängigen Frequenz schwingt.

Während sich Casaubon in den Räumen des Conservatoire aufhält, läßt er alles, was der Mensch während seiner langen Geschichte erfunden und geschaffen hat, Revue passieren.

Die Eigentümlichkeit des Orts ruft in ihm in Verbindung mit den Ausstellungsstücken sonderbare und widersprüchliche Gebilde und Assoziationen hervor.

Dennoch kehren Casaubons Gedanken immer wieder zum Grund seines Aufenthalts an diesem Ort zurück: Es muß ihm in jedem Fall gelingen, nach Schließung weiter im Museum zu bleiben. Denn um Mitternacht wird er dort erfahren, welches Schicksal Belbo erwartet, der einige Tage zuvor aus seinem Haus in Mailand verschwunden ist.

II) Das Schlüsselwort

In einer kurzen Rückschau wird der Leser zwei Tage zurückversetzt – an den Zeitpunkt, an dem Casaubon nach seiner Rückkehr nach Mailand seinen Freund Belbo, der im Verlag Garamond arbeitet, nicht mehr vorfindet. Diotallevi, ein anderer Kollege und Freund Belbos, ist ins Krankenhaus eingeliefert, wo der an Krebs Leidende seinen Tod erwartet.

Casaubon erhält einen verzweifelten Anruf von Belbo, der sich in Paris befindet. Die Templer, vor denen er in panischer Angst flieht, hatten ihn gezwungen, dorthin zu fahren. Sie sind davon überzeugt, daß er im Besitz des Geheimnisses ist, das es ihnen ermöglicht, den Großen Welteroberungsplan zu verwirklichen. Aus diesem Grund wären die Templer sogar imstande, Belbo zu töten.

Belbo bleibt nicht genügend Zeit, die letzten Geschehnisse zu erzählen, aber es gelingt ihm immerhin, Casaubon mitzuteilen, daß er alles auf seinem Computer aufgezeichnet und gespeichert habe. Allerdings schafft er es nicht, die Unterhaltung fortzusetzen, denn gerade als er Casaubon das Paßwort zu seinen Computerprogrammen mitteilen will, haben ihn seine Verfolger aufgespürt, und das Telefonat wird abrupt unterbrochen.

In Belbos Büro findet Casaubon einen Umschlag mit zwei Schlüsseln: Der eine gehört zu Belbos Landhaus, der andere zu seiner Wohnung in Mailand, wohin sich Casaubon sofort begibt.

Dort findet er den Ausdruck einer Computerdatei, deren Filename ›ABU‹ lautet, der Name, den Belbo seinem Computer gegeben hatte. Casaubon findet auch die Disketten, auf denen Belbo die Ereignisse der vergangenen Tage festgehalten hat. Allerdings verfügt Casaubon nicht über das Paßwort, um die Disketten zu lesen; er unternimmt mehrere Versuche, das Paßwort zu finden. Er versucht es mit den zehn Sefiroth, mit verschiedenen Kombinationen symbolischer Zahlen, aber vergeblich.

Bei jedem neuen Versuch fragt die Maschine unerbittlich: »Hast Du das Paßwort?«, und Casaubon probiert es immer wieder mit neuen Wörtern. Er versucht, das Paßwort aus den 720 Kombinationen des Namen Gottes (Jahveh) herauszufinden, wieder vergeblich.

Die Maschine gewährt nicht einmal Zugang über das

Paßwort SOPHIA, das an die Geliebte Belbos, Lorenza Pellegrini, erinnern soll.

Aufs neue wiederholt der Computer stereotyp seine zermürbende Frage, und Casaubon, frustriert, hackt die trockene Antwort: »NEIN«.

In diesem Augenblick fängt der Bildschirm an zu flimmern, denn das richtige Paßwort lautet in der Tat: »NEIN«.

Damit fängt die Maschine an, den Inhalt der Disketten preiszugeben. Auch Casaubon beginnt, die Begebenheiten der vergangenen Jahre zu erzählen, von dem Zeitpunkt an, an dem er als Student Jacopo Belbo kennengelernt hatte.

III) Casaubon und Belbo

Casaubon geht in seinen Erinnerungen zurück ins Jahr 1970, als er in Mailand an der Universität zu studieren beginnt, zwei Jahre nach dem Studentenaufstand von '68, wo er sich im Kreis der Studentenrevolution wiederfindet.

Seine Teilnahme an Versammlungen und Demonstrationen ist zum großen Teil auch von Motiven emotionaler Art gespeist; ansonsten ist seine Haltung kritisch, er verfolgt die Ereignisse in der Rolle des zurückhaltenden Betrachters.

Die Wahl der philologischen Fakultät verdeutlicht Casaubons Haltung zur Gesellschaft, der er mehr interpretierend gegenübersteht, als daß er aktiv an ihr teilnähme. Während seiner Jahre an der Universität verfolgt Casaubon die politischen Aktivitäten wie auch seine Studienziele mit distanzierter Leichtigkeit. Er nimmt an einem Seminar über mittelalterliche Geschichte teil, woraufhin er für seine Dissertation ein Thema über die Templer wählt.

In Pilades Bar, die ein Treffpunkt für die Studenten der sechziger Jahre ist, lernt er Belbo kennen. Belbo arbeitet im Verlag Garamond. Zum erstenmal wird er vom Erzähler vorgestellt: seine offensichtliche Verachtung für die Müßigkeit oberflächlicher Wahrheiten, eine Haltung, unter der sich gleichzeitig tiefe Melancholie sowie die verzweifelte Suche nach dem Absoluten verbirgt. Fröhliche Momente hat Belbo in der Gesellschaft Diotallevis, der ebenfalls bei Garamond angestellt ist.

Über die Dateien in Belbos Computer ist Casaubon nach und nach in der Lage, die Einzelheiten von Belbos Leben und seiner Persönlichkeit nachzuvollziehen, seine Launen, seine Erinnerungen, seine Empfindungen und Leidenschaften, alles, was im Verlauf der Romanhandlung eine eigene Dynamik nehmen wird. Mitunter sind diese Elemente in Belbos Erzählungen eingeflochten, in die er immer wieder die Welt seiner Kindheit vergleichend einbezieht: Während dieser Zeit sind bereits die für sein Leben grundlegenden Erfahrungen und Entscheidungen gemacht und getroffen worden, vielleicht sogar auch die Versagungen, die für sein späteres Leben maßgeblich sein werden.

An Belbo ist ein Schriftsteller verlorengegangen (in seinem Computer finden sich viele nur eben begonnene Romane); er ist sehr gebildet und voller Ironie, ein typischer Piemontese, voll kritischer Distanz. Er hat einen ironischen Blick für die verschiedensten Dinge, Stolz, Zurückhaltung und Sinn für das Komische.

Während einer der ersten Unterhaltungen zwischen Belbo und Casaubon erzählt Belbo von seiner Arbeit als Lektor und stellt seine geistreiche Menschentypologie vor: die Normalen, die Genies, die Idioten, die Dämlichen, die Dummen und die Irren. Unter diesen verschiedenen Typen ist besonders der Dämliche bei mondänen Veranstaltungen gefragt. Er bringt alle in Verlegenheit, bietet aber dann Anlaß zur Unterhaltung. In seiner positiven Variante, so Belbo, wird der Dämliche Diplomat. Das Gespräch geht dann auf die Templer über, und Belbo erinnert sich, daß ihm einige Tage zuvor jemand ein Manuskript zu diesem Thema dagelassen hat. Daraufhin beschließen Belbo und Casaubon, sich nochmals im Verlag zu treffen, um über das Manuskript zu sprechen.

IV) Das Verlagshaus Garamond –
die Geschichte der Templer

Das Haus Nummer 1 der Via Sincero Renato ist Sitz des Verlagshauses Garamond, in dem Belbo und Diotallevi arbeiten. Diotallevi ist gleichfalls Lektor, der Lehrbücher und Werke, die über lange Zeiträume verkauft werden, bearbeitet. Diotallevi ist leidenschaftlicher Anhänger der jüdischen Kultur (insbesondere der Kabbala).

Casaubon folgt Belbos Einladung und begibt sich zum Verlag Garamond. Belbo stellt ihm Diotallevi vor und erklärt ihm dessen Leidenschaft für die Kabbala, die Diotallevi so eifrig studiert, als ob er selbst Jude wäre. Man könnte sagen, daß Diotallevi das sinntragende Element dieses Treffens im Verlag ist, wie sich bereits aus der Überschrift schließen läßt.

Belbo findet das Manuskript über die Templer, das Casaubon ihm gegenüber bereits erwähnt hatte. Darin wird ein dramatisches Ereignis in der Geschichte des Ordens beschrieben: die Verhaftung aller Templer in Frankreich, die Philipp der Schöne im Jahre 1307 befohlen hatte.

Belbo ist an der Geschichte und den Begebenheiten der Templer interessiert und bittet Casaubon, der Experte ist, ihm die ganze Geschichte zu erzählen. Am Abend treffen sich Casaubon, Balbo und Diotallevi wieder in Pilades Bar, wo Casaubon mit seiner langen Erzählung über die Templer beginnt:

Nach dem ersten Kreuzzug und der Eroberung von Jerusalem wird Balduin von Bouillon zum ersten christlichen König von Jerusalem ernannt. Unter Balduin II. gründen im Jahr 1118 neun Ritter, angeführt von Hugo de Payns, den Orden der Armen Ritter Christi, die außer den Gelübden der Armut, der Keuschheit und des Gehorsams den Schutz der Pilger im Heiligen Land gelobten. Da sie im ehemaligen Tempel Salomos ihre Unterkunft hatten, wurden sie die Tempelritter genannt.

Casaubon stellt den Orden der Templer als eine Art Fremdenlegion dar. Er beschreibt ihren zunehmenden Reichtum und ihre ritterliche Gesinnung, die sie auch ihren Feinden gegenüber wahrten.

Die Templer gewinnen hauptsächlich durch die Unterstützung des Heiligen St. Bernhard an Bedeutung, der den Orden zu einer heroischen Militia Christi macht, die er 1128 vom eigens zu diesem Zweck einberufenen Konzil in Troyes anerkennen läßt, und sogar die Ordensregeln für diese neue christliche Miliz entwirft.

Die Templer kommen, durch eine Vielzahl von Schenkungen, durch ihre Finanzpolitik und das Recht, Steuern einzutreiben, zu beträchtlichem Reichtum und zu Macht. Vielleicht waren sie etwas verblendet und zu stolz auf ihre eigene Stärke, wie es das Beispiel der Belagerung von Askalon zeigt, als sie vorgaben, die Stadt allein, ohne fremde Hilfe, einnehmen zu können, dann aber eine empfindliche Niederlage hinnehmen mußten, bei der viele von ihnen von den belagerten Sarazenen getötet wurden.

Die Geschichte der Templer, ihr Aufstieg und Fall, entwickelt sich parallel zu der der Kreuzzüge, bis sie im Jahr 1291 durch die Eroberung Akkons durch die Sarazenen zu Ende geht. Auch die Templer, die zwar mittlerweile mächtig, zahlreich und sehr vermögend geworden sind, sind nun gezwungen, sich aus dem Heiligen Land zurückzuziehen, und nunmehr ohne Aufgabe oder Ziel.

Ihre große Macht und ihr Einfluß in Europa werden in zunehmendem Maße zu ihrer Hauptbeschäftigung, wie auch die Verwaltung der immensen Reichtümer, die sie angesammelt haben. Diese neue Orientierung der Templer widerstrebt den Interessen des auf Zentralisierung der Macht bedachten französischen Monarchen Philipp dem Schönen. Deshalb versucht Philipp bei den Templern als Ehrenmitglied ernannt und aufgenommen zu werden, was ihm jedoch verwehrt wird. Da ihm keine Möglichkeit bleibt, die Templer von innen her zu erobern, beginnt er sie öffentlich zu verleumden und beschuldigt sie der Homosexualität, der Häresie und des Götzendienstes.

Im Jahr 1307 gelingt es Philipp, Papst Clemens V. zur Eröffnung eines offiziellen Verfahrens zu bewegen, und einige Monate später befiehlt er, ohne Wissen des Papstes, die massenweise Verhaftung der Templer, die im Oktober 1307 ausgeführt wird. Durch Folter von 138 Templern gelingt es ihm, mit vier Ausnahmen, von ihnen ein Geständnis der Verbrechen zu erzwingen, derer sie beschuldigt werden.

Casaubon erscheinen diese Geständnisse sonderbar, da sie von Männern gemacht wurden, die an Leid und Schmerzen gewöhnt waren.

Der Papst unternimmt noch einen Versuch, die Angelegenheit in die Hand zu nehmen, was Philipp der Schöne aber erfolgreich zu verhindern weiß.

Der Prozeß zieht sich noch um einige Jahre bis 1312 hin, und die Templer, die nicht bereut und kein Geständnis abgegeben haben, werden zu lebenslanger Kerkerhaft verurteilt. Im Jahre 1314 werden die letzten beiden Templer, Jacques de Molay und Geoffroy de Charney, zum Tode auf dem Scheiterhaufen verurteilt.

An diesem Punkt endet die Geschichte der Templer, und es beginnt die Geschichte über die Templer von Casaubon, Belbo und Diotallevi.

V) Die Flucht – Amparo

Casaubon ist nicht nur ein Experte für die Geschichte der Templer. Er ist ein Student kurz vor der Promotion, der, wenngleich auch eher am Rande, die Ereignisse der Studentenbewegung von '68 miterlebt und an Protestzügen, Debatten und Demonstrationen teilnimmt.

Während einer Demonstration gegen neofaschistische Putschkomplotte findet er sich plötzlich neben Belbo wieder. Auch bei dieser Gelegenheit gelingt es Belbo und Casaubon nicht, ihre Phantasie von den Templern loszureißen, von denen sie nun beide ganz und gar fasziniert sind, und sie vergleichen die Situation, in der sie sich augenblicklich auf dem Platz befinden, mit der Belagerung von Askalon.

Während sie sich noch ihrer Phantasie hingeben, spitzt sich die Lage zu, es kommt zu Auseinandersetzungen zwischen den Demonstranten und der Polizei, und die beiden begeben sich auf die Flucht. Belbo nutzt diese Gelegenheit, um Casaubon eine Abhandlung über die Kunst des Fliehens vorzutragen, wobei er seine Kindheit im ländlichen Piemont erwähnt, wo er auch geboren ist. Er erzählt eine Episode aus dem Partisanenkrieg, in der sich seine Tante inmitten eines Schußwechsels befand und ihr Leben retten konnte, indem sie zehn Minuten auf der Erde liegend verharrte. Belbo erinnert sich, daß er auch damals nur Zuschauer war und daß ihm die Tatsache, mit dem Leben davongekommen zu sein, als ein Akt der Feigheit vorkam.

An diese Episode erinnert sich Casaubon, als er im Conservatoire versteckt sitzt und ihm eine andere Datei aus Belbos Computer durch den Kopf geht, die er einige Tage zuvor gelesen hat (›Canaletto‹).

Nach dem Tag, an dem die Demonstration stattgefunden hatte und die beiden geflohen waren, sehen sich Belbo und Casaubon etwa ein Jahr lang nicht mehr. Casaubon verliebt sich in Amparo, eine junge Brasilianerin, mit der er seine ganze Zeit verbringt, und geht auch nicht mehr zu Pilades Bar.

Amparo ist eine wichtige Figur in der Geschichte. Mit ihr wird Casaubon intensive Erfahrungen in Brasilien durchleben, wo er auch Bekanntschaft mit dem geheimnisvollen Agliè machen wird.

VI) Ardenti

Die Geschichte der Templer wird wiederaufgenommen. Der Anlaß zum Wiederanknüpfen war durch das Treffen von Casaubon und Belbo vor ungefähr einem Jahr in Pilades Bar gegeben worden. Belbo lädt Casaubon ein, ihn zum Verlag zu begleiten, wo er mit Oberst Ardenti eine Verabredung hat.

Ardenti ist ein alter Soldat und Faschist. Er hat als Freiwilliger in Abessinien und in Spanien gedient, war Anhänger der Republik von Salò[1] und ging nach 1945 zur Fremdenlegion. Als Oberst hat er an der Seite General Massus gegen Präsident de Gaulle für die Unabhängigkeit Algeriens gekämpft. Nach dieser letzten Niederlage hat er sich nach Frankreich zurückgezogen und sich ganz seinen Nachforschungen über die Templer gewidmet.

Ardenti schlägt Belbo die Veröffentlichung eines Buches vor, in dem er die These aufstellt, der zufolge die Templer einen Welteroberungsplan hatten und eine geheime und fast unerschöpfliche Machtquelle besaßen. (Dies ist im folgenden der Anlaß für die späteren Nachforschungen Casaubons, Belbos und Diotallevis zur Rekonstruktion des Planes.)

Ardentis Version zufolge sind die Templer nicht vollständig von Philipp dem Schönen ausgerottet worden. Es soll Überlebende gegeben haben, die freiwillig in den Untergrund abgetaucht sind, um ihren Plan verwirklichen zu können und ihre Kommandozentrale im französischen Städtchen Provins zu festigen. In dieser Stadt haben sich die Nachforschungen Ardentis abgespielt.

Eine erste Spur fand er in einer alten Lokalzeitung aus dem Jahr 1894, über deren Chroniken es ihm möglich war, eine wichtige Begebenheit zu rekonstruieren. Nach Ardentis Interpretation eines dort genannten Ereignisses hatte ein gewisser Edouard Ingolf aus Petersburg in Provins die geheimen Räume des gotischen Schlosses, das früher bereits den Templern gehört hatte, erforscht und dort ein Etui gefunden, das eine wichtige Handschrift enthielt.

---

[1] ›Repubblica di Salò‹ werden die letzten drei Monate der Mussolini-Regierung bzw. das von den Vasallen Mussolinis errichtete Marionettenregime in Salò am Gardasee genannt.

In Auxerre hatte Ardenti eine alte Dame, die die Tochter Ingolfs war, aufgespürt und sie darum gebeten, die Dokumente und die Bibliothek des Vaters einsehen zu dürfen. So findet er ein von Ingolf handbeschriebenes Blatt, das das Datum »Provins 1894« trägt und eine Kopie der Originalhandschrift der Templer ist, die sich in dem oben genannten Etui befunden hatte.

Dieses Dokument ist von größter Bedeutung. Es enthält eine verschlüsselte Botschaft. Ardenti glaubt, ihren Inhalt mittels einer äußerst raffinierten Interpretation, bei der er auch numerologische und andere gewagte Auslegungsmethoden verwendete, entziffert zu haben.

Die Enthüllung der Handschrift ergibt, daß die Templer beschlossen hatten, ihre Geheimgesellschaft fortzuführen, und zwar über Zusammenkünfte, die vom Jahr 1344 bis 1944 stattfanden. Ab 1944 sind die Kontakte aufgrund des Krieges abgerissen.

Außerdem kommt Ardenti dem Geheimnis auf die Spur, das die Templer über sechs Jahrhunderte hinweg weitergegeben hatten: Der Heilige Gral sei die Quelle unerschöpflicher Energie und immenser Macht, die die Beherrschung der Welt ermögliche.

Ardentis Ziel ist es nun, mit der Veröffentlichung seines Buches an Informationen zu gelangen, um so dem Geheimnis des Grals näherzukommen und die Spur des unterbrochenen Planes wiederaufnehmen zu können. Er hat bereits mit einem Experten, einem gewissen Professor Rakovski, über seine Idee gesprochen. Bevor Ardenti wieder geht, übergibt er Belbo eine Kopie der geheimen Handschrift.

Tags darauf werden Belbo und Casaubon zu Kommissar De Angelis bestellt, da Ardenti plötzlich spurlos verschwunden ist, und der Kommissar davon ausgeht, daß Ardenti ermordet wurde.

Fest steht auf jeden Fall, daß der alte Portier des kleinen Hotels, in dem sich Ardenti eingemietet hatte, dessen Leiche auf dem Bett hatte liegen sehen, die Augen weit aufgerissen und eine Drahtschlinge um seinen Hals geschlungen. Beim Eintreffen der Polizei war die Leiche jedoch auf mysteriöse Weise verschwunden, und mit ihr außerdem Ardentis Mappe mit dem Manuskript. De Angelis hatte herausgefunden, daß sowohl ›Ardenti‹ als auch ›Rakovski‹ falsche Namen waren. In Ardentis Terminkalender hatte De Angelis die Notiz für die Verabredung mit Belbo am Vortag gefunden und hatte ihn zu sich gerufen, um ihm Fragen über Ardenti zu stellen.

Belbo kann De Angelis nicht viel weiterhelfen, da er selbst nichts über Ardenti weiß und nicht noch weiter in diese Angelegenheit verwickelt werden möchte. Er erwähnt ihm gegenüber nicht, was er über den geheimen Plan erfahren hat. Auch Casaubon schweigt. Sein ängstliches Verhalten verursacht Belbo Schuldgefühle, weshalb sich die beiden für einige Zeit meiden.

Casaubon bringt sein Studium zu Ende und beschließt es mit seiner Dissertation über die Templer. Er ist häufig bei Amparo, in die er immer noch verliebt ist. Über sie gelingt es ihm, zur Universität in Rio in Brasilien Kontakt aufzunehmen. Er nimmt das Angebot für einen Vertrag an, mit dem er dort für zwei Jahre als Lektor für Italienisch arbeiten kann. Er fährt mit Amparo nach Rio. Zu Hause in Mailand bricht die schwierige Zeit der ›Bleiernen Jahre‹ an.

Casaubon möchte sich auch von allem fernhalten, was in irgendeiner Weise mit den Templern zu tun hat. In Brasilien trifft er jedoch auf Leute, die für die Ereignisse nach seiner Rückkehr nach Italien bestimmend sein werden.

VII) Die Reise nach Brasilien

In Amparos Heimat enthüllt sich für Casaubon die volle Komplexität ihrer Persönlichkeit. Neben ihre nüchterne Haltung und ihre Rationalität treten nun Emotionen und Leidenschaften, die das Mädchen mühsam unter Kontrolle zu halten versucht.

Die kulturellen Unterschiede äußern sich auch in den Diskussionen mit ihren Kommilitonen, die zwar alle Marxisten sind, aber einer Kultur angehören, die eine andere Geschichte hat als die westliche Welt und deren revolutionäre Theorien der afro-amerikanischen Kultur verbunden sind.

Casaubon wird zum außenstehenden Betrachter einer Vielzahl von Widersprüchlichkeiten, er findet sich vor einer Realität, die durchdrungen ist von uralten und geheimnisvollen Kulten und Mythen, deren Anziehungskraft sich nicht einmal Amparo entziehen zu können scheint, obwohl sie der Funktion von Religion gegenüber eine überaus kritische Haltung einnimmt. So passiert es zum Beispiel, daß Amparo, die eben noch eine Vorlesung über die marxistische Vorstellung des Subproletariats gehört hat, vor einem Bild der Wassergöttin Yemanjá, das am Strand aufgestellt ist, innehält, obwohl sie gleichzeitig die Frage Casaubons, ob sie denn an derlei Dinge glaube, zornig verneint. Andererseits wird Casaubon durch Amparo bewußt, daß sich auch jemand mit der vernünftigsten und rationalsten Einstellung nicht den unbewußten Ängsten des Aberglaubens entziehen kann.

In Rio erhält Casaubon einen ersten Brief von Belbo, der ihn beunruhigt. Belbo erzählt ihm darin zuerst von einem Besuch des Felsens San Leo im Montefeltro, in dessen Festung man Cagliostro festgehalten hatte. Belbo erzählt weiter von seiner Teilnahme an der rituellen Feier. Sie wird von den Jüngern jenes Abenteurers gefeiert, der im Jahre 1795 auf dem Felsen San Leo gestorben war. Während der Feier stand Kommissar De Angelis neben ihm. Die Unterhaltung mit ihm beunruhigte Belbo, da De Angelis befremdlicherweise darauf anspielte, daß Belbo nun bestimmter Dinge verdächtigt werden könne.

Der zweite Brief Belbos ist zuversichtlicher, und es scheint, daß De Angelis nun keinen weiteren Verdacht über die beiden mehr hat.

Ende 1975 dringen dramatische Nachrichten über die ersten

bewaffneten Anschläge aus Italien zu Casaubon, aber er fühlt sich von allem weit weg und fährt mit Amparo nach Bahia im Osten Brasiliens.

In Bahia ereignen sich zwei Dinge, die für Casaubon noch große Bedeutung haben werden. Er lernt Agliè kennen, und er nimmt an einem Umbanda-Ritual teil.

A) Agliè

Agliè ist ein älterer Gentleman aus Mailand, ein Experte der religiösen Wissenschaften, des Okkultismus und der magischen Riten. Ganz besonders zeichnet er sich als ein Kenner der Templer und der Rosenkreuzer aus.

Er gibt vor, der Graf von Saint-Germain zu sein, ein unsterblicher Abenteurer aus dem 17. Jahrhundert, der im Verlauf der Jahrhunderte in der Gestalt der seltsamsten Persönlichkeiten aufgetreten war, bis er schließlich in der Person des Agliè auftauchte.

Casaubon lernt Agliè in der Stadt Bahia kennen. Agliè macht bereits bei dieser ersten Begegnung eine flüchtige Bemerkung über die Templer. Ansonsten konzentriert sich die Unterhaltung insbesondere auf die afro-amerikanischen Kulte. Diese Unterhaltung nimmt Agliè zum Anlaß, Casaubon und Amparo dazu einladen, den Riten, wie sie in den mysteriösen Nächten von Bahia abgehalten werden, beizuwohnen.

Bei diesen Riten handelt es sich um kultische Handlungen der Volksreligion (ähnlich dem Voodoo, der Volksreligion auf Haiti). Diese Religion ist das Ergebnis einer Vermischung des traditionellen afrikanischen Kulturgutes mit einheimischen und katholischen Elementen.

In Bahia beginnt Casaubon, sich für die Rosenkreuzer zu interessieren, über die er ein Buch gefunden hat und deren Geschichte er nun Amparo erzählt. Es trifft sich weiterhin, daß er außerdem an der Konferenz eines gewissen Professors Bramanti (dem wir im weiteren Verlauf des Romans noch begegnen werden) teilnimmt, deren ungewöhnliches Thema das Verhältnis zwischen den Rosenkreuzern und dem Umbanda-Ritus beleuchtet. Bramantis Betrachtungen über die Rosenkreuzer werden von Agliè, der ebenfalls ein Experte für diesen mysteriösen Orden ist, immer wieder korrigiert.

Im Zusammenhang mit den Rosenkreuzern erwähnt Agliè die Idee der ›spirituellen Ritterschaft‹, die später für Belbo und

Casaubon einer der Schlüssel bei der Rekonstruktion der Geschichte der Templer sein wird.

B) Die Umbanda

Casaubon und Amparo werden von Agliè begleitet, um einem anderen magischen Ritus beizuwohnen, der Umbanda, die ebenfalls in Bahia heimisch ist. Die Umbanda ist eine spiritistische Geisterbeschwörung, die in einer Atmosphäre voll mitreißender Musik, Tänzen und Gerüchen abgehalten wird, so daß die Zuschauer miteinbezogen werden. Während der rituellen Beschwörung der Geister wird das tanzende Medium, sobald es ein bestimmtes Stadium erreicht hat, bewußtlos, ein höheres Wesen nimmt von ihm Besitz, und das Medium fällt in Trance, aus der es gereinigt wieder erwacht.

Während der Beschwörung ereignet sich etwas ganz Eigenartiges: Amparo wird von dieser Massenhypnose ergriffen, sie überläßt ihren Körper einem Tanz, der nach und nach in eine laszive Sarabande übergeht, und fällt in eine kurze, aber intensive Trance. Am Schluß ist Amparo ganz verwirrt, weil sie sich mit einemmal als Negersklavin empfunden hatte, ein Gefühl, das offensichtlich aus den Tiefen ihres Bewußtseins gekommen war. Emotionen und Erinnerungen dringen an die Oberfläche, die bislang Amparos Verstand unterworfen waren.

Die Episode der Umbanda beschließt gleichsam auch Casaubons Verhältnis zu Amparo, die er seitdem als ein fremdes Wesen empfindet.

Am folgenden Tag fährt Amparo unter einem Vorwand nach Petropolis, einer anderen Stadt in Brasilien.

Auch Agliè fährt ab und kehrt nach Mailand zurück. Casaubon bleibt noch ein Jahr in Brasilien.

VIII) Rückkehr nach Italien:
Der Verlag Manuzio und das Hermes-Projekt

Casaubon kehrt nun im Alter von fast 30 Jahren aus Brasilien zurück. Bei seiner Rückkehr findet er ein Land vor, in dem sich während seiner Abwesenheit viele Dinge zugetragen haben, die Italien eine andere Richtung verliehen haben und das Gesicht des Landes zu Beginn der achtziger Jahre in einem völlig veränderten Licht erscheinen lassen.

Aldo Moro ist von den Roten Brigaden ermordet worden, und die Zeit der ›Bleiernen Jahre‹ hat sich erschöpft. Ihr Ende fiel mit einem allgemeinen Wandel der Gesellschaft zusammen, einer Gesellschaft, die sich jetzt wieder mehr auf Werte wie Individualität und Produktivität besinnt.

Auch Pilades Bar hat sich verändert. Dort steht zwar noch eine Flippermaschine aus den alten Zeiten, ansonsten ist die Bar durchflutet von buntem Neonlicht und Videospielen.

Die Exrevolutionäre gehen inzwischen bürgerlichen Beschäftigungen nach. Sie sind Manager in privaten Unternehmen oder in öffentlichen Einrichtungen geworden.

Casaubon sieht sich nun vor die Notwendigkeit gestellt, einen Beruf auszuüben. Er hat die Idee, sich einen Beruf zu erfinden, als ein Doktorand ihn um Informationen über eine Figur von Hofmannsthal bittet. Nach dem Modell eines amerikanischen Detektivbüros eröffnet er eine Informationsagentur, aber mit dem Unterschied, daß seine Auskünfte kultureller Art sind. In einem Büro, das dem des amerikanischen Privatdetektivs Marlowe nicht unähnlich ist, legt er sich eine Basisbibliothek und eine Kartei an (selbstredend denkt er zu dieser Zeit noch nicht an einen Computer) und nimmt seine Arbeit als Kulturinformant auf.

Er trifft auch Belbo wieder, der sich inzwischen in Lorenza Pellegrini verliebt hat. Casaubon selbst verliebt sich in Lia, die er am 16. Juli im Lesesaal der Bibliothek kennenlernt.

Zwischen den beiden entwickelt sich eine tiefe Beziehung. Lias Arbeit besteht im Redigieren von Lexikonartikeln einer Enzyklopädie. Sie besitzt einen gesunden Menschenverstand und Realitätssinn, ihr Bezug zu den Dingen ihrer Umwelt gründet auf Erfahrungswerten.

Krankhaften Auswüchsen der Phantasie gegenüber hegt sie ein gesundes Mißtrauen. Lia wird zu einer aufmerksamen und intelligenten Mitarbeiterin bei der Erweiterung von Casaubons Kartei.

Genau an dem Tag, an dem Belbos Computer installiert wird (der später ›Abulafia‹ genannt wird), läßt sich Casaubon auch wieder bei Garamond blicken, wo er sich bald mit Belbo und Diotallevi inmitten einer angeregten Diskussion befindet. Aufgrund einer Bemerkung Casaubons über den Illusionsverlust seiner Generation zieht Belbo einen interessanten Vergleich mit der Generation, der er selbst angehört. Diese war schon 1968 nicht mehr die jüngste und hatte das Kriegsende selbst miterlebt und in den darauffolgenden Jahren eine größere Glaubwürdigkeit in ihrer antifaschistischen Haltung bewiesen als die Generation von '68. Der Vergleich zwischen den beiden Generationen geht weiter und erstreckt sich auch auf die verschiedenen Methoden des Kampfes, die Integrität der Ideen, die Belbo der Generation Casaubons abstreitet.

Belbo lädt Casaubon ein, den Verleger Garamond kennenzulernen, dem er bereits von seinem jungen Freund erzählt hat und ihn als Mitarbeiter vorgeschlagen hat.

Im Verlagshaus Garamond werden in teuren Ausgaben ausgewählte Bücher für ein gebildetes Publikum herausgegeben. Die Räume, in denen der Verlag untergebracht ist, strahlen trotz ihres vernachlässigten Zustandes eine kultivierte Atmosphäre aus. Von dort aus wird Casaubon über einen Durchgang im Inneren des Hauses in eine ganz andere Umgebung mit gedämpfter Musik und teurer Einrichtung geführt. Es handelt sich um den Sitz des Verlages Manuzio, der ebenfalls in Garamonds Besitz ist.

Garamond empfängt Casaubon wohlwollend und beauftragt ihn mit der Aufgabe, die Illustrationen für ein Buch über die Metalle, das als nächstes erscheinen soll, zusammenzustellen, wobei er aber um die Bezahlung feilscht.

Der Besuch von De Gubernatis, der gerne Autor eines Buches bei Manuzio sein möchte, enthüllt Casaubon die wahre Natur und Funktion dieses Verlages. Garamond redet De Gubernatis den Kopf voll, wobei er die Dinge mit Absicht kompliziert darstellt, mit finanziellen Anspielungen, Erwähnungen berühmter Autoren, fingierten Telefongesprächen, gut eingeübtem Zögern, bis De Gubernatis schließlich einen Beitrag zu den Herstellungskosten akzeptiert. Das Haus Manuzio ist ein Verlag für ›AEK‹, was soviel heißt wie ›Autoren auf eigene Kosten‹. Der Verlag verdient ein Vermögen durch Veröffentlichungen, deren Herstellungs- und Publikationskosten von den Autoren selbst getragen werden. Die Autoren ihrerseits sind glücklich darüber, sich damit einen Traum verwirklichen zu können. Überdies sind sie Garamond noch dankbar, weil er ihnen das Gefühl vermittelt, wichtige Schriftsteller zu sein. Für diese Art Schriftsteller hat Garamond sogar eigens den ›Petruselli della Gattina‹, einen wertlosen Literaturpreis, erfunden. Der Kontakt zwischen Verleger und Autor erschöpft sich dann darin, den Autor dazu zu veranlassen, sämtliche bereits gedruckten Exemplare seines Werkes, von dem nur einige wenige verkauft worden sind, selbst zu erwerben, was für Manuzio immer einen hohen Gewinn bedeutet.

Casaubon beginnt mit seinen Nachforschungen über das Buch der Metalle und reist zu diesem Zweck nach Paris.

Bei Manuzio taucht eines Tages auch der Professor der okkulten Wissenschaften Bramanti auf, den Casaubon bereits in Brasilien als einen ziemlich phantastischen Redner über die Rosenkreuzer erlebt hatte.

Er macht Garamond den Vorschlag zu einer kleinen Buchreihe, in der Werke über die okkulten Wissenschaften erscheinen sollen, deren Herausgabe er dann selbst übernehmen würde. Bramante könnte ein guter Kunde für Manuzio sein, aber sein Vorhaben bedeutet eine größere Investition, außerdem hat Bramanti eine prozentuale Gewinnbeteiligung im Auge, was beides nicht mit Garamonds Vorstellungen von Manuzio zu vereinbaren ist.

Bramanti wird aus diesem Grund nur höflich verabschiedet, und sein Besuch hat keine weiteren Folgen.

Nachdem Bramanti hinauskomplimentiert worden ist, unterhält sich Garamond weiter mit Belbo und Casaubon über die okkulten Wissenschaften, bis er eine glänzende Idee hat: das ›Hermes-Projekt‹, das Autoren von okkulten Schriften an Land ziehen soll, unter welchen man dann weiter auswählt. Die Mehrheit dieser Autoren wird auf eigene Kosten bei Manuzio publizieren, und nur einige wenige lohnenswerte Autoren sollen in einer kleinen Buchreihe erscheinen, die als Begleitung zu Geschichtsstudien und als kleine Studienausgabenserie für universitäre Zwecke gedacht ist.

Beide Buchreihen gehören zum einzigartigen ›Hermes-Projekt‹, und sie sind folgendermaßen überschrieben:

a) ›Die Entschleierte Isis‹ ist die Reihe, die bei Manuzio erscheint;
b) ›Reihe Hermetik‹ ist der Name der bei Garamond erscheinenden Reihe.

In dieses Vorhaben wird auch Lorenza Pellegrini miteinbezogen, deren Aufgabe es ist, einen Faltprospekt in den Buchhandlungen zu verteilen und sich dort zu erkundigen, ob die neue Buchreihe schon bekannt ist. Mit dieser Methode soll sie das Interesse von potentiellen Autoren auf den Verlag lenken. Belbo und Garamond starten eine breite Propaganda-Aktion in den Kreisen der sogenannten ›geheimen‹ Gesellschaften.

Der Erfolg ist durchschlagend. Die *Diaboliker,* oder vielmehr die Verfasser okkulter, magischer und hermetischer Schriften, überfluten den Verlag mit ihren Manuskripten. Das bedeutet für Belbo, Diotallevi und Casaubon die umfangreiche Aufgabe, all diese Werke zu sichten und zu sortieren.

Eine weitere eigenartige Gestalt stellt sich in den Büros des Verlages vor: Ein gewisser Professor Camestres schlägt ein Werk gegen die angeblichen Getreuen von Aleister Crowley vor. Da der Professor aber nicht die geringste Absicht hat, sein Buch selbst zu finanzieren, wird er verabschiedet, ohne daß man weiteres vereinbart hätte.

Mit der Zeit wird es notwendig, einen Berater, der in den okkulten Wissenschaften bewandert ist, bei der Textauswahl zu Rate zu ziehen. Casaubon schlägt Agliè vor, der ihm von Brasilien her bekannt ist. Garamond stimmt diesem Vorschlag zu, zumal Agliès finanzielle Forderungen vernünftig zu sein scheinen. Belbo, Casaubon und Diotallevi gehen daraufhin zu Agliè, der sie in einem Salon warten läßt, da er im Nebenzimmer noch eine Sitzung hat.

Da Salon und Sitzungsraum nebeneinander liegen, können die drei Besucher einen eigenartigen Wortwechsel zwischen Bramanti und einem Franzosen, Pierre, verfolgen. Zwischen den beiden besteht eine Meinungsverschiedenheit, und Agliè hat die Rolle des Schiedsrichters übernommen.

Bramanti und Pierre beschuldigen sich gegenseitig, sie drohen mit fürchterlichen Racheaktionen, aber schließlich gelingt es Agliè doch, den Streit zwischen den beiden zu schlichten.

Die anschließende Unterhaltung zwischen den dreien und Agliè wird in einem kleinen Studio abgehalten, dessen verschiedene Gegenstände, Steine, ausgestopfte Tiere, die Beleuchtung, vor allem aber die Bücher, aufmerksame Neugier erwecken. Agliè hält sich noch bei der Bedeutung und Interpretation der Zahlen auf, mit denen man machen kann, was man möchte. Er glaubt an die Wissenschaft der Numerologie; von dort aus geht er über zur Erklärung der naturwissenschaftlichen Entdeckungen. Für ihn gehen Phänomene wie Elektrizität, Radioaktivität oder Atomenergie alle auf einen selben Ursprung zurück. Anschließend kommt er auf die tellurischen Ströme zu sprechen. Die drei Freunde verstehen nicht sofort die Bedeutung dieses Ausdruckes. Der Begriff der tellurischen Ströme ist aber der Kern des Geheimnisses der Templer und wird einer der Grundbegriffe ihres Großen Plans werden, den sie nach und nach rekonstruieren, indem sie einzelne Teile der Geschichte zusammenfügen oder auch einzelne Teile neu erfinden.

Agliè hat auf jeden Fall zugestimmt, den Auftrag als Berater anzunehmen, wobei er lediglich um eine finanzielle Anerkennung als Entschädigung für die Lektüre langweiliger Werke bittet. Eine ungewöhnliche Begegnung beschließt den Besuch bei Agliè: Unerwarteterweise erscheint Lorenza Pellegrini, die von Agliè »meine zarte Sophia« genannt wird. Belbo ist nach diesem Erlebnis verwirrt.

IX) Belbo: Erinnerungen – die Liebe zu Lorenza

Aus der Unterhaltung mit Agliè hat Belbo einen Schlüsselbegriff zurückbehalten: die *spirituelle Ritterschaft*. Agliè ist über die spirituelle Ritterschaft mit Bramanti und Pierre verbunden, obwohl er beide verachtet. Um die Idee der spirituellen Ritterschaft näher zu illustrieren, erzählt Belbo wieder eine Begebenheit, die sich während seiner Kindheit in den Jahren zwischen 1943 und 1945 zu Zeiten des Partisanenkrieges in den Bergen in der Nähe seines Dorfes zugetragen hat.

Belbo war damals elf Jahre alt. Das Ereignis hat mit seinem Onkel Carlo zu tun, in dessen Haus er während der Kriegsjahre gewohnt hatte.

Onkel Carlo ist ein kleiner Pächter, der sich mit seinem Landbesitzer Canepa in ständigem Streit befindet. Onkel Carlo kehrt als Invalide, aber mit Auszeichnungen, aus dem Weltkrieg zurück. Er bekommt daraufhin die Stelle des Leiters des Finanzamtes, die er auch später, während der Zeit der deutschen Besatzung, noch beibehält. Onkel Carlo ist gemäßigter Faschist, Canepa hingegen ist Antifaschist.

Die Feindseligkeiten zwischen den beiden halten an.

Nach dem Sturz Mussolinis und der Ankunft der Partisanen im Land läßt Canepa Onkel Carlo verhaften, da den Partisanen Gerüchte zu Ohren gekommen waren, daß er einer der örtlichen Vertreter der Faschisten sei, wobei er in Wirklichkeit aber nur ein gewissenhafter Staatsbeamter ist. Als der Partisanenhauptmann Terzi vor ihn tritt, springt Carlo, als alter Militär, auf, und stellt sich mit Dienstgrad, Invalidität und Kriegsauszeichnungen vor. Terzi ist ein Marschall der Carabinieri, der während des Ersten Weltkrieges am Pordoi gekämpft hat. Die beiden erkennen sich als ehemalige Kameraden, erinnern sich an gemeinsame Kriegserlebnisse und umarmen sich. Es kommt zu einer Verständigung, und Terzi spricht Onkel Carlo frei, da beide dieselben patriotischen Gefühle vereinen.

Das ist die Bedeutung einer ›spirituellen Ritterschaft‹, die auch noch viel später zwei Menschen einigen kann, obwohl sie so verschiedene Wege eingeschlagen haben.

Das Konzept der ›spirituellen Ritterschaft‹ wird in der Folge der Schlüssel zur Interpretation und zum Verständnis für die

Rekonstruktion eines entscheidenden Abschnittes in der Geschichte der Templer.

Belbo erzählt diese Begebenheit aus dem Leben Onkel Carlos im Büro, als dort plötzlich Lorenza Pellegrini auftaucht, um alle zu einer Ausstellung des Malers Riccardo einzuladen, der ihr neuer Freund ist.

Riccardo (s. a. Computerdatei 7) ist der Mann, an dem sich Belbo nicht zu rächen wagt, aber auf den er eifersüchtig ist und den er haßt. Riccardo ist ein langweiliger Maler, der immer gerade das produziert, was modern ist.

Während der Ausstellung gelingt es Belbo endlich, mit Lorenza zu reden, und er fragt sie, bei welcher Gelegenheit sie Agliè kennengelernt hat. Darüber gibt Lorenza keine genaue Auskunft und weicht aus, aber sie erzählt Belbo von Agliès Theorien über die Erschaffung der Welt und den Irrtum über den weiblichen Teil Gottes. Agliè beruft sich bei diesen Theorien teils auf die Tradition der Gnostiker, teils auf die Tantriker.

Mittels dieser Interpretation und dadurch, daß er Lorenza die Identität Sophias zuschreibt, die die Gefangene der Materie ist, ist es Agliè gelungen, das Mädchen an sich zu binden. Sich selbst hat er den Namen Simon gegeben, die Identität eines der wenigen Männer, denen es möglich ist, Sophia zu erkennen. Agliè hat Lorenza sogar davon überzeugt, daß ihre Erlösung über die Erfahrung der Sünde möglich sein wird.

All dies erbost Belbo natürlich noch mehr, und er sieht in der von Lorenza erzählten Theorie nur ein Alibi für die verschiedenen Erfahrungen, die sie immer weiter von ihm wegbringen.

X) Salon der Taxidermist

Das Bildmaterial, das Casaubon in Mailand und Paris zusammengetragen hat, ist für die Illustrierung des Bandes *Geschichte der Metalle* noch nicht ausreichend. Deshalb erhält Casaubon von Garamond die Genehmigung, seine Suche im Deutschen Museum in München fortzusetzen.

In diesem Museum ist sogar eine Mine mit all ihren unterirdischen Gängen und Stollen nachgebildet und rekonstruiert. Casaubon geht in diesen Stollen hinein und begegnet dort ganz unerwartet Salon, dem Taxidermisten, der in seinem Laboratorium in Mailand Tierkörper präpariert. Salon hat sein Labor auf demselben Stockwerk in dem alten Fabrikgebäude in Mailand, in dem auch Casaubon sein Büro hat.

Salon erweist sich als überraschend gut informiert über den Verlag, für den Casaubon arbeitet, und er ist über dessen Aktivitäten auf dem laufenden. Er gibt Casaubon sonderbare Informationen über die unterirdischen Kanalsysteme von Großstädten; er nimmt an, daß sich in diesen unterirdischen Kanälen und Gewölben die ›Herren‹ der Welt verborgen halten. In der Unterhaltung wird weiterhin die unterirdische Residenz des ›Königs der Welt‹ erwähnt *(Agarttha),* das okkulte Zentrum einer geheimen Sekte, der *Synarchie,* deren Ziel die Macht über die Welt sei.

Salon verabschiedet sich plötzlich; bevor er geht, erwähnt er noch kurz Oberst Ardenti (der dem Geheimnis der Templer auf der Spur und auf mysteriöse Weise verschwunden ist) und zeigt dadurch, daß er auf eine für Casaubon unerklärliche Weise von den Begebenheiten unterrichtet ist, mit denen er im Grunde überhaupt nichts zu tun haben dürfte. Casaubon bleibt aufgrund dieser Begegnung völlig perplex zurück und erzählt bei seiner Rückkehr Belbo und Diotallevi davon.

Einige Tage später geht Agliè zum Verlag, um über seine Arbeit als Berater zu berichten. Casaubon bittet ihn um Aufklärung bezüglich einiger Dinge, die Salon gesagt hat, und er wird von Agliè darüber unterrichtet, daß *Synarchie* das Gegenteil von Anarchie bedeute und es sich bei der *Synarchie* um eine europäische Gesellschaft handle, die von drei Räten als Repräsentanten der wirtschaftlichen und geistigen Macht sowie der Justiz regiert werde. Ihr Ziel sei die Errichtung einer Oligarchie, um den Klassenkämpfen ein Ende zu setzen.

Als er sich gerade in die Bibliothek aufmachen möchte, um dort in der *Mission de l'Inde en Europe* die Stelle zu finden, die von der *Synarchie* und *Agarttha* handelt, trifft Casaubon Salon ein zweites Mal vor der Tür seines Laboratoriums.

In der Bibliothek begegnet er dann dem Kommissar De Angelis, der gerade eben dieses Buch zurückgegeben hat.

De Angelis weiß von den Aktivitäten des Manuzio-Verlages und dem Vorhaben, eine Reihe über okkulte Wissenschaften zu veröffentlichen. Er hat seine Nachforschungen über Ardenti wiederaufgenommen, nachdem er gerade herausgefunden hatte, daß dieser den Club Picatrix zu besuchen pflegte. De Angelis hat im Rahmen seiner Tätigkeit als Polizist des politischen Dienstes Ermittlungen über diesen Club angestellt. Er fragt Casaubon über die Synarchie aus, wobei sich aber herausstellt, daß er selbst bereits bestens Bescheid weiß. Die Auflistung der verschiedenen Begebenheiten, die sich im Laufe der Jahre bei dieser Sekte zugetragen haben, ergibt, daß es hier die verschiedensten Vereinigungen mit allen politischen Schattierungen von rechts bis links gibt. Es ist sogar möglich, einige Parallelen zu den Roten Brigaden aufzuzeigen. De Angelis geht sogar soweit, daß er eine Hypothese über die Möglichkeit eines universalen Komplotts aufstellt.

Am Ende dieser Unterredung stellt De Angelis dem nun völlig irritierten Casaubon noch die Frage, was er denn von der ›TRES‹ wisse, einer weiteren geheimen Vereinigung, von der er gehört habe. Die Existenz dieser Gruppe ist Casaubon jedoch unbekannt. Die Abkürzung ›TRES‹ taucht jedoch noch im weiteren Verlauf der Handlung im Zusammenhang mit wesentlichen Ereignissen auf.

XI) Erinnerungen – Riten – Halluzinationen

Agliè lädt Garamond und alle Mitglieder der Redaktion für den darauffolgenden Sonntag in ein Schloß auf den Hügeln um Turin ein, wo ein Fest der Rosenkreuzer abgehalten werden soll. Belbo möchte mit Casaubon, Diotallevi und Lorenza früher abfahren, um mit ihnen zwei Tage im Haus seiner Kindheit, das sich unweit des Verabredungsortes mit Garamond und Agliè befindet, zu verbringen. Dort möchte er ungestört das *Buch der Metalle* durchsprechen. Die Atmosphäre des Orts inspiriert Belbo, in einer Arbeits-pause wieder auf seine Kindheitserinnerungen zurückzukommen.

Die Einschübe der Kindheitserinnerungen Belbos und der mit ihnen verbundenen Gefühle, Liebschaften und Enttäuschungen sind losgelöst vom eigentlichen Verlauf der Handlung; obgleich sie Verbindungselemente zur Haupthandlung aufweisen und diese mitbestimmen, stellen diese persönlichen Einschübe Belbos eine Parallelhandlung dar.

So erinnert sich Belbo an eine dramatische Begebenheit während des Krieges, einen Schußwechsel zwischen Partisanen und Faschisten. Belbo stellt seinen Mut unter Beweis, als er aufrecht vor dem Fenster stehend verharrt, bis sein Onkel Carlo ihn ins Haus hineinzerrt. Gerade rechtzeitig, denn nur wenige Augenblicke später zerbirst das Fenster in viele Teile, nachdem es von einem Geschoß getroffen worden ist. Aufgrund dieser Begebenheit fühlt sich Belbo mit als Teilnehmer und Sieger beim Versuch der Partisanen, die Schwarzen Brigaden aus dem Land zu jagen.

Eine andere Erinnerung gilt der Trompete, die Belbo aus Liebe zu Cecilia, einem Mädchen, das etwas älter als Belbo ist, spielen lernt, und das sich ihrerseits in den Saxophonisten der Musikkapelle verliebt hat. Belbo unternimmt alles, um bei einer öffentlichen Aufführung die Trompete in der ersten Reihe, vor allen anderen, blasen zu dürfen. Er ist sicher, dadurch die Aufmerksamkeit und das Interesse Cecilias auf sich zu lenken. Als es ihm endlich gelingt, einmal sein Ziel zu erreichen, ist Cecilia genau dieses Mal – vielleicht weil sie krank geworden war – nicht zum Konzert auf den Platz gegangen.

Am Sonntagmorgen beschließt Lorenza unerwartet, kehrtzumachen und allein nach Mailand zurückzukehren.

Während des Nachmittags erwähnt Belbo wiederholt weitere Ereignisse aus seiner Kindheit, aber durch Lorenzas Abwesenheit ist ihm die Lust am Erzählen genommen. Auch Agliè, der mit Garamond zur Verabredung am Abend erscheint, zeigt sich wegen Lorenzas Abreise verärgert.

Die Gruppe begibt sich anschließend zum Schloß der Rosenkreuzer, das über einen Garten erreicht werden kann, dessen Wege nach rituellen und symbolischen Mustern angelegt worden sind. Unter den Eingeladenen befindet sich auch Salon. Agliè eröffnet Casaubon, daß Salon ein Vertrauensmann der Polizei ist. Weiterhin befinden sich Bramanti und Pierre auf dem Fest, die durch Agliè wieder versöhnt wurden. Auch De Gubernatis, ein von Garamond ausgebeuteter AEK, ist hier anwesend.

Die Zeremonie wird in einem weißgestrichenen Raum abgehalten, vor zwei Wachsfiguren (die weibliche Statuen darstellen), durchdrungen von diffuser Musik aus Lautsprechern und penetranten, zuweilen unangenehmen Gerüchen. Der Raum befindet sich im Halbdunkel, das nur unterbrochen wird durch ein Aufleuchten von gelben und bläulichen Lichtern. Während dieser Zeremonie hat Casaubon das Gefühl der körperlichen Anwesenheit Lorenzas.

Er erlebt eine verwirrende Halluzination, während die Feier bis zum Erscheinen eines Henkers fortdauert, der mittels eines Spiegeltricks rituelle Enthauptungen vollzieht. Lorenzas Bild verwirklicht sich während der Erscheinungen des Rituals und verdichtet sich so weit, daß Casaubon dadurch ganz gebannt ist.

Die Zeremonie wird mit Blitzen und Trompetenstößen beendet, und schließlich erscheint auch Lorenza, was Casaubon glauben läßt, eine ähnliche Suggestion durchgemacht zu haben wie damals Amparo in Rio.

Casaubon entfernt sich allein und geht in den Garten. Er bleibt bei einem Horchrohr stehen, durch welches er Zeuge einer Unterhaltung zwischen Salon und Pierre wird, die in einem Raum des Schlosses stattfindet. Auch in dieser Unterredung spricht Salon von den unterirdischen Kanalgewölben von Paris, von denen er annimmt, daß dort Komplotte geschmiedet werden. Er möchte von Pierre noch mehr erfahren, dieser jedoch gibt vor, nichts weiter zu wissen, oder weiß vielleicht wirklich nichts Weiteres, und Pierre zieht beleidigt von dannen.

In einem Geheimzimmer des Schlosses zeigt Agliè seinen Freunden die ersten Initiationsschritte zur Aufnahme eines Neulings in den Orden der Rosenkreuzer, ein Ritual, bei dem Bramanti die Rolle des Vorsitzenden einnimmt.

Um Mitternacht schließlich wohnt die Gesellschaft, immer noch angeführt von Agliè, einem druidischen Ritus bei, der in einem vom Schloß abgelegenen Wald abgehalten wird.

XII) Lia

Nachdem Casaubon aus Piemont zurückgekehrt ist, erzählt er Lia, die inzwischen seine Lebensgefährtin ist, von den jüngsten Ereignissen. Lia ist durch diese Leidenschaft für die okkulten Wissenschaften, die Magie und die Komplotte beunruhigt. Sie erkennt, daß Casaubon immer mehr in deren Bann gezogen wird, und versucht ihn zu mäßigen, indem sie ihn durch ihre ruhige und ausgeglichene Art klug auf den Boden der Realität zurückführt, ihn an die Dinge des täglichen Lebens erinnert, an deren einfache Beschaffenheit, die von Casaubon und seinen Freunden auf magische, mystische und religiöse Art gedeutet wird. So versichert sie Casaubon, daß es keine Archetypen gibt, und erinnert ihn an die Existenz des Körpers daran, daß der Körper eine Innenseite hat, aus der das Leben geboren wird. Sie führt ihm vor Augen, daß der Schlangenritus die Wiederkehr der Sonne auf ihrer scheinbaren Umkreisung der Erde bedeutet, daß die magischen Zahlen nichts anderes sind als Symbole für die Teile des menschlichen Körpers, daß die Verehrung der Flüsse von der Bedeutung des Wassers für den Körper herzuleiten sei, daß jegliche vertikale Position das Leben repräsentiere, da die Haltung eines sich fortbewegenden Menschen die aufrechte sei, genauso wie auch die des männlichen Organs, wenn es das Leben weitergibt. So hat auch ein neues Leben in Lias Körper begonnen: Sie teilt Casaubon mit, daß sie ein Kind erwartet.

Diese Unterhaltung stellt den Schluß des Kapitels dar, das mit GEBURAH (das Böse) überschrieben ist und in dem die diabolischen Kräfte (Salons Komplotte, die Riten und die Halluzinationen sowie die dominierende Allgegenwart Agliès) entwickelt werden. Die diabolischen Kräfte werden das Schicksal Belbos und Casaubons immer stärker in ihr Netz verstricken – dieser Abschnitt stellt damit einen wichtigen Teil im Handlungszusammenhang der Erzählung dar.

Casaubon möchte der durch Lia repräsentierten Weisheit gerne folgen, um so einerseits seine Wißbegierde zu mäßigen und zu disziplinieren und andererseits weiter im Reich des Okkulten zu schürfen und nachzuforschen, wo ihn das ›Universum der Dämonen‹ erwartet.

Jedoch ist Casaubon von der Schönheit des TIFERETH, womit das darauffolgende Kapitel überschrieben ist, geblendet.

Dies ist der Augenblick, von dem an sich Belbo, Casaubon und Diotallevi der Rekonstruktion bzw. dem Wiederfinden des Plans der Templer verschreiben.

Vielleicht ist dies auch nur deshalb möglich, weil Casaubon sich des Fortgangs des Lebens durch die Ankündigung der bevorstehenden Geburt seines Sohnes in Sicherheit glaubt und sich so der Suche nach dem Geheimnis in unbekannten Tiefen nicht mehr entziehen kann.

XIII) Der Plan der Templer:
Rekonstruktion und/oder Erfindung?

Die Entscheidung ist getroffen. Es ist das Jahr, in dem Belbo, Diotallevi und Casaubon in die okkulte Welt der Templer eindringen, um deren Geheimen Plan zur Welteroberung zu entdecken. Der Computer Abulafia ist ebenfalls darin verwickelt, er ist quasi der Assistent ihres Wahnsinns, er verarbeitet die zahllosen und zufälligen Rekonstruktionen, Dekompositionen und Neustrukturierungen der Informationen, die Belbo ihm einfüttert.

Der entscheidende Durchbruch gelingt durch die Möglichkeit, die immensen Materialmengen der Diaboliker benutzen zu können, die kontinuierlich mit dem Fortschreiten des Hermes-Projektes eintreffen und die Garamond für eine *Illustrierte Geschichte der magischen und hermetischen Wissenschaften* verwenden möchte. Es handelt sich um einen großen Band, der unter der beratenden Mitwirkung Agliès, versehen mit Farbtafeln, als ein beeindruckendes Werk entstehen soll.

Casaubon ist nun völlig in die Magien, Kabbalistiken und Diaboliken versunken, verführt wie ein Psychiater von seinen eigenen Patienten, und im Delirium hat er den Einfall für den Plan. Diotallevi ist auch dabei, denn das Spiel bedeutet für ihn Gebet.

Belbo lebt von nun an in einer Scheinwelt, die sich nahtlos in die Idee des Plans einfügt. Er macht den Vorschlag, in den Computer die verschiedensten Informationen einzugeben und dabei immer von der Grundannahme auszugehen, daß die Templer immer mit dem Plan zu tun haben. Auf diese Weise beginnt die Rekonstruktion der Geschichte selbst; der Schlüssel zu ihrer Interpretation liegt im Geheimnis der Templer, in dem letztlich die Erklärung für alle Ereignisse zu finden ist. So geht aus den Kombinationen des Computers hervor, daß die Templer das Kruzifix nicht als Symbol akzeptieren, da Jesus niemals gekreuzigt worden sei, sondern nach Frankreich zu den Kabbalisten in die Provence gegangen sei, um dort den Geheimbund der Rosenkreuzer zu gründen. Ab hier nimmt der Wahnsinn seinen Lauf.

Vergnüglich, aber ebenfalls völlig phantastisch ist die Interpretation des Automobils mit kabbalistischen, mystischen und theologischen Begriffen und Kategorien.

In einer solchen Anhäufung von Material sind die verschiedensten und vielfältigsten kulturellen Anspielungen und Verweise unvermeidlich. Zu ihrer Erklärung möchten wir hauptsächlich auf das fünfte Kapitel verweisen.

Bei einer Reise nach Coimbra in Portugal, die Casaubon unternimmt, um dort an einem Treffen über die lusitanische Kultur teilzunehmen, hat er die Gelegenheit, in Tomar das Schloß zu besuchen, in das sich die Templer, nachdem sie vom Prozeß geflohen waren, zurückgezogen und als die ›Cavalieri di Cristo‹, die Ritter Christi, verborgen gehalten hatten.

In einem Raum des Schlosses findet Casaubon Dokumente in hebräischer Sprache. Vom Fenster aus sieht er einen Garten in Form eines Labyrinths, der von einem jüdischen Architekten entworfen wurde. Der Bezug zwischen den Templern und den Juden führt zu der Annahme, daß der von Ardenti in der Handschrift von Provins rekonstruierte Plan der Templer dahingehend abgeändert werden muß, daß die zweite Zusammenkunft in Jerusalem stattgefunden haben muß.

Casaubon teilt Belbo nach seiner Rückkehr nach Mailand seine Hypothese mit. Verschiedene Stufen werden beim Rekonstruktionsversuch der einzelnen Etappen, die die Nachfolger der Templer (deren Ziel noch immer nicht geklärt ist) zu ihren Treffen zurückgelegt haben, durchlaufen. Durch die Suche werden verschiedene Gruppen ausfindig gemacht, die im Laufe der Jahrhunderte unterschiedliche Namen angenommen haben. Die ersten beiden Gruppen werden in Portugal und England ausfindig gemacht, wo sie ungestört leben; ein weiteres geheimes und abgeschirmtes Refugium ist Paris, wo sich die dritte Gruppe aufhält (nachdem sie aus Chartres wegverlegt wurde, wo der Rekonstruktion von Ardentis Plan zufolge ihr Aufenthaltsort gewesen wäre). Bei der Berücksichtigung des recht freundschaftlichen Verhältnisses der Templer zu den Deutschordensrittern kann nach dem Abstecken der jeweiligen Einflußbereiche die vierte Gruppe in Deutschland geortet werden. Im Mittelmeerraum trifft man die verschiedensten Sekten an (wie Archontiker, Messalianer, Borborianer und Hyliten), aus denen die Paulizianer hervorgegangen sind. Die paulizianischen Gemeinden kommen mit den Templern während der Zeit der Kreuzzüge in Berührung und festigen geheimnisvolle Verbindungen. Die Paulizianer lassen sich auf dem Balkan nieder; die fünfte Gruppe von Templern kann in

Bulgarien entdeckt werden. Die sechste Gruppe wird in Jerusalem geortet, wo das letzte Treffen vereinbart worden war.

Die Großmeister der Templer haben sich im Jahr 1344 an den sechs von Casaubon identifizierten Orten niedergelassen, sie wurden nach und nach von Nachfolgern abgelöst, mit der Auflage, sich in einem Rhythmus von 120 Jahren zu treffen. Das erste Treffen hatte in Portugal stattgefunden, und das letzte war für das Jahr 1944 in Jerusalem vorgesehen gewesen.

Diese Folge vorprogrammierter Treffen scheint dennoch an einer Stelle unterbrochen worden zu sein. Die erste Hypothese lautet, daß die Unterbrechung auf den vorletzten Termin zurückzuführen ist, der für das Jahr 1824 mit der sich in Bulgarien befindlichen Gruppe geplant gewesen war. Der Grund hierfür war die Türkeninvasion zu jener Zeit.

Das von den Templern ursprünglich angestrebte Ziel hatte nun vorgesehen, daß nur der Großmeister jeder Gruppe weiß, wo er den Großmeister der folgenden Gruppe finden kann. Die Kette kann auch deshalb unterbrochen worden sein, weil zwischen den beiden Gruppen in Deutschland und in Bulgarien kein Kontakt bestanden hat.

Von dieser Zeit an versuchen die einzelnen Gruppen in ganz Europa, sich gegenseitig zu finden, um die verlorene Botschaft zu rekonstruieren (die Botschaft hätte nur dann wieder zusammengefügt werden können, wenn die letzte Etappe des Plans in Jerusalem stattgefunden hätte), welche es ermöglicht, die Mittel der Macht auf der Welt an sich zu reißen.

Die Rosenkreuzer können als eine Gruppe der Templer enthüllt werden, die sich darum bemüht, den unterbrochenen Plan der Templer wiederherzustellen. Durch eine genauere Untersuchung ihrer Schriften, die 1614 in Paris erschienen sind, erweist sich, daß die Unterbrechung des Plans nicht auf das Jahr 1824 und die deutsche und die bulgarische Gruppe zurückzuführen ist, sondern vielmehr auf das Jahr 1584, als der Kontakt zwischen der englischen und der französischen Gruppe nicht hergestellt werden konnte.

Das verpaßte Treffen ist als Folge der Reform des gregorianischen Kalenders im Jahr 1582 zu sehen, als die Zeitrechnung in den verschiedenen Ländern Europas nicht gleichzeitig aktualisiert wurde. In Frankreich war das vereinbarte Datum der 23. Juni 1584, in England aber schrieb man noch den 13. Juni. Die Engländer treffen mit zehntägiger Verspätung ein und verpassen die Franzosen. Der englische Großmeister versucht daraufhin die Kontaktaufnahme über den deutschen Einflußbereich. Von den englischen Templern und von Bacon (er ist der Nachfolger John Dees), dem englischen Großmeister, wird unter Mithilfe der Deutschen über Schriften der Rosenkreuzer eine Botschaft über ganz Europa verbreitet, damit der Plan an der Stelle, an der er unterbrochen wurde, wieder rekonstruiert werden kann.

Casaubon zufolge beginnen von diesem Augenblick an die Unannehmlichkeiten: Die Manifeste werden zu vielen Autoren zugeschrieben, und zu viele zeigen sich interessiert, in den Besitz des Geheimnisses zu kommen. Diese Art der Geschichtsinterpretation erlaubt eine Erklärung von Verschwörungen, Kriegen und der Bedeutung historischer Persönlichkeiten. Beim Sichten und Interpretieren all dieser Ereignisse und beim Aufdecken des Geheimnisses der Templer kommt Belbo und Casaubon ein erster Verdacht: Das Conservatoire des Arts et Métiers in Paris wurde zu Ehren Bacons errichtet. In diesem Museum ist auch das Foucaultsche Pendel aufbewahrt, das das Zentrum des Geheimnisses bildet.

Während der Zeit des verfehlten Treffens zwischen den Franzosen und den Engländern ist der Großmeister der englischen Templer John Dee, Guillaume Postel ist der Großmeister der französischen Templer. Die beiden waren sich bereits im Jahr 1550 begegnet, allerdings ohne sich gegenseitig zu erkennen. Im Jahr 1564 zieht sich Postel ins Kloster von Saint-Martin-des-Champs zurück; er stirbt 1581, drei Jahre nach dem verpaßten Treffen. Bacon, der Nachfolger John Dees, hat den Verdacht, daß Saint-Martin das geheime Refugium der Templer sein könnte, und richtet dort sein Laboratorium ein, um dem Geheimnis auf die Spur zu kommen.

Das Conservatoire wird dann, im Jahre 1795, eben in der Abtei von Saint-Martin errichtet.

Dies läßt wiederum darauf schließen, daß zwischen den Nachfolgern von Bacon und den revolutionären Gruppen Ende des 18. Jahrhunderts eine Verbindung bestanden hat. Diese Verbindung sind die Freimaurer.

Daraufhin macht sich Casaubon an eine Aufstellung sämtlicher freimaurerischer Sekten von der ersten, die 1645 auf die Inspiration der Rosenkreuzer hin gegründet wurde, bis zur letzten von 1936.

Nach dieser Zusammenstellung beschließen Casaubon, Belbo und Diotallevi, Agliè zu Rate zu ziehen, um etwas über die Bedeutung dieser verschiedenen Sekten zu erfahren. Sie fügen noch eine Gruppe hinzu, der sie den Namen TRES (Templi Resurgentes Equites Synarchici) geben. Agliè kann über alle Sekten detaillierte Auskünfte geben, mit Ausnahme der TRES. Er wird neugierig und fragt, in welcher Handschrift sie auf diese Abkürzung gestoßen seien, aber er erhält selbstverständlich keine Auskunft.

Die Situation stellt sich nun folgendermaßen dar: Die Geschichte der Templer ist bis zum Zeitpunkt des verpaßten Treffens von 1584 rekonstruiert bzw. neu erfunden. Durch das Verfehlen von 1584 wurde verursacht, daß sich die französische und die deutsche Gruppe in eine unübersichtliche Vielzahl von Splittergruppen und Sekten aufgelöst haben.

Belbo besteht jetzt darauf, daß man darüber entscheiden müsse, welches Geheimnis die Templer verloren haben und was sie versuchen, wiederzufinden. In den darauffolgenden Tagen unterbricht Casaubon seine Nachforschungen, um mehr Zeit bei Lia zu verbringen, die kurz vor der Geburt ihres Kindes steht. Dies ist für Lia wiederum eine Gelegenheit, Casaubon auf die Ebene der Realität des Lebens zurückzubringen, eine Realität, die kein weiteres Geheimnis in sich birgt als das der Existenz in ihren verschiede-nen komplexen, aber unverwechselbaren Ausformungen. Casaubon jedoch ist von nun an vollständig Gefangener dieser ›kosmischen Verschwörung‹ die es, wenngleich es sie auch gar nicht gibt, zu erfinden gilt, und wird immer mehr in ihren Bann gezogen.

XIV) Salons Laboratorium

Als er gerade in sein Büro gehen möchte, begegnet Casaubon
auf dem Treppenabsatz Salon, der die Tür zu seinem Labor
öffnet, in dem er Tierkörper präpariert. Salon bittet Casaubon,
einzutreten.

Das Labor ist in trübes Licht getaucht, und mit seinen ein-
balsamierten Tierkörpern, den toten Tieren, die auf den La-
bortischen liegen und noch auf ihre Einbalsamierung warten,
den Knochen und Tierteilen, die überall herumliegen, erhält
der Raum eine bedrückende Atmosphäre des Todes. Unter anderem zeigt Salon auch eine seiner Kreationen, eine Zusam-
menstückelung von Teilen verschiedener Tiere, die einen Drachen darstellen soll. Er ist einer Illustration des Paters Athanasius Kircher nachempfunden, eines deutschen Gelehrten aus
dem 17. Jahrhundert, der sich außer mit barocker Musik auch
mit Alchimie und den Rosenkreuzern beschäftigt hat.

Anschließend gibt Salon Casaubon einige Informationen,
die im weiteren für die Rekonstruktion des Großen Plans verwendet werden. Er erzählt ihm, daß unterirdische Gänge gebaut wurden, die von den letzten Templern als Zufluchtsort benutzt worden sind. Er berichtet auch von der Existenz einer jüdischen Weltverschwörung, die in den *Protokollen der Weisen
von Zion* dokumentiert ist. Weiterhin unterrichtet er Casaubon darüber, daß im Innern der Erde ein riesiges Energiepo-
tential steckt. Diese Energie entlädt sich über tellurische Ströme, von denen die Kelten wußten, wie sie zu finden und beherrschen sind, nämlich indem man sich ihrer durch große, ver-
tikal eingeführte Sonden bemächtigt.

Die Unterhaltung endet damit, daß Salon eröffnet, er sei in
Moskau als Sohn eines Mitglieds der zaristischen Geheimpolizei geboren worden, die direkt Oberst Rackovskij unterstellt
war.

Man erinnere sich daran, daß dieser Name dem des Grafen
Rakovsky ähnlich ist, mit dem Oberst Ardenti vor seinem mysteriösen Verschwinden oder seiner Ermordung eine Verabredung hatte und über den Kommissar De Angelis Erkundungen
einzieht. All dies sind Zufälligkeiten und Übereinstimmungen,
die im weiteren Handlungsverlauf immer wieder auftauchen
werden.

Salons Worte verleiten Casaubons Phantasie zu bestimmten

Intuitionen über das Geheimnis der Templer. Er ist aber auch immer noch hin und her gerissen zwischen den offensichtlichen Widersprüchlichkeiten einerseits, die sich aufgrund von Lias Interpretationsangeboten ergeben, und der Faszination des Okkulten, des Geheimnisses und des Komplotts andererseits.

Zunächst gelingt es ihm, sich für den Moment der Suggestionskraft Salons zu entziehen, da die Geburt von Lias Kind bevorsteht; trotzdem kommt Casaubon zu spät. Lia ist inzwischen alleine ins Krankenhaus gegangen, wo sie ihren Sohn Giulio zur Welt bringt.

Giulios Geburt scheint vorläufig zu einer Lösung von Casaubons Orientierungsnöten zu führen. Er hat ein neues Leben hervorgebracht, das die Nachfolge seiner eigenen Existenz, die Garantie für die Fortdauer des Lebens, bedeutet.

Mit Giulios Geburt glaubt er aber auch eine seiner Funktionen ausgefüllt zu haben, was ihn nun dazu ermutigt, dem spekulativen, intellektuellen und phantastischen Teil seiner Existenz freien Lauf lassen zu können, um sich dadurch eine neue Realität zu erschaffen.

XV) Das Geheimnis der Templer

Das, was die drei Freunde bislang herausgefunden haben, läßt darauf schließen, daß die Templer einen Plan entworfen hatten, der aus einem komplexen System von Verabredungen bestand, die in einem Rhythmus von 120 Jahren zwischen 1344 bis 1944 stattfanden.

Das erste Treffen hatte in Portugal stattgefunden, das letzte in Jerusalem. Diese Folge von Treffen entspricht wiederum der schrittweisen Rekonstruktion einer geheimen Botschaft. Das für das Jahr 1584 in Frankreich zwischen den französischen und den englischen Templern anberaumte Treffen hatte, aufgrund eines Mißverständnisses oder vielmehr der gregorianischen Kalenderreform, nicht stattgefunden.

Um die Verbindungen wiederherzustellen, verbreiteten sie Botschaften. So konnten wieder neue Gruppen entstehen, die sich für die Wiederentdeckung des verlorengegangenen Geheimnisses interessierten, das demjenigen, der es besaß, die absolute Macht über die ganze Welt erteilte. Die Lösung des Geheimnisses bestand nun darin, die unterirdischen tellurischen Ströme zu finden, um anschließend ihre immense Kraft zu beherrschen und zu nutzen.

Bereits die Kelten wußten von diesen tellurischen Strömen. Sie hatten versucht, sie über ein geographisches Vermessungssystem zu ermitteln. Dazu diente ein Netz von Sonden, die Megalithen, die heute noch zu sehen sind. Von den Kelten war das Geheimnis über die Juden, die Essener und die sieben muselmanischen Eingeweihten endlich bis hin zu den Templern gelangt. Alle vorherigen Versuche, die magnetische Kraft der Erde nutzbar zu machen, sowie ihr Scheitern (der Turmbau zu Babel war gleichfalls ein Versuch zur Konstruktion der mächtigsten Sonde) zeigten den Templern, daß es noch keine ausgereifte Technologie gab, die es ermöglichte, dieses Vorhaben zu verwirklichen. Man wollte den weiteren technischen Fortschritt abwarten, der sich in den darauffolgenden 600 Jahren entwickeln würde.

Die Templer hatten auf diese Weise also den ›Nabel der Welt‹ entdeckt, das heißt den Punkt, der das Befehlszentrum zum Steuern der tellurischen Kräfte der Erde ist. Daraufhin beschlossen sie, dieses Geheimnis über die Jahrhunderte hinweg weiterzugeben.

Jerusalem wäre also der Ort gewesen, an dem eigentlich das letzte Treffen stattgefunden hätte, und an dem die Botschaft wieder zusammengefügt worden wäre. Am 23. Juni des darauffolgenden Jahres hätten sich dann alle beteiligten Gruppen nach Paris begeben, wo das Pendel auf einer bislang noch nicht bekannten Karte den exakten Punkt des Nabels der Welt angezeigt hätte. Weiterhin hätte die zusammengefügte Botschaft enthüllt, welche Karte zu benutzen gewesen wäre.

Nach dem verpaßten Treffen von 1584 waren die Vorstellungen über das Pendel noch sehr ungenau, woraufhin in Frankreich, England und sogar in Rußland Forschungen zu diesem Thema angestellt wurden.

Es gibt jedoch noch eine weitere Hypothese, die Casaubon, Belbo und Diotallevi anhand der Anspielungen Salons über die unterirdischen Gewölbe entwickelten: Im 19. Jahrhundert wurde durch den Bau der Kanalnetze in den großen Städten versucht, ohne Karte und ohne Pendel direkt im Untergrund der Erde nach den tellurischen Strömen zu suchen.

Die geheime Botschaft der Templer, ihr Großer Plan zur Eroberung der Welt, ist also der rote Faden, durch den jedes Ereignis der Geschichte neu interpretiert und rekonstruiert werden kann.

Die gesamte Geschichte ist demzufolge im Grunde nichts anderes als ein einziges kosmisches Komplott, in das auf irgendeine Weise alle einbezogen sind, Napoleon und Hitler, Mönche und Jesuiten, Wissenschaftler und Philosophen, Paulizianer und Jerusalemiter.

Sehr interessant ist auch die Strategie der Jesuiten, deren Gründer Ignatius von Loyola das Geheimnis von Guillaume Postel, dem Großmeister der französischen Templer, erfahren hatte. Postel starb noch vor 1584, und die Nachfolger von Ignatius von Loyola versuchten, den abgebrochenen Kontakt wiederherzustellen. Ein weiterer ihrer Versuche war, die Karte durch Kombinationsmethoden zu rekonstruieren, ein Vorgehen, mit dem sie den Möglichkeiten des Computers schon vorgegriffen haben. Eine andere Strategie war, die Freimaurerei Baconscher Prägung zu zerstören, die als gefährliche Konkurrenz gesehen wurde.

Im 19. Jahrhundert wollte Napoleon die Einheit der Freimaurer wiederherstellen und versuchte dabei sogar Verbindung mit den Juden aufzunehmen. Der Kontakt mit dem jüdischen Großen Synhedrin durch Napoleon hat Jesuiten und Paulizianer gleichermaßen beschäftigt. Die letzteren haben sogar eigens eine gefälschte Schmähschrift erfunden, die sie *Die Protokolle der Weisen von Zion* nannten.

Diese Protokolle sind gefälschte Geschichtsurkunden, die jüdischen Autoren zugeschrieben wurden, um ihre Machtabsichten zur Beherrschung der Welt aufzuzeigen, und somit eine Rechtfertigung für den Antisemitismus darstellten.

Verschwörungen und Komplotte finden nun in rascher Aufeinanderfolge statt, überkreuzen und überschneiden sich gegenseitig bei den verschiedenen Möglichkeiten zur Auslegung der Geschichte, die neu interpretiert und vielleicht auch neu erfunden wird. Sogar Hitler wird miteinbezogen mit seinem Versuch, sich des Templergeheimnisses zu bemächtigen.

In diesem Wirbel von Ereignissen und Entdeckungen wird jeder Einzelheit, jedem Vorkommnis eine eigene Bedeutung und ein eigener Zweck zugeordnet. Auch die drei Autoren dieses diabolischen Spiels werden dadurch in Mitleidenschaft gezogen: Casaubon steht der ganzen Angelegenheit noch am distanziertesten gegenüber, da ein Teil seines Lebens dank Lia und dem Kind noch in geregelten Bahnen abläuft. Belbo identifiziert sich jedoch so weit damit, daß er schließlich davon überzeugt ist, daß das, was er erfunden hat, Wirklichkeit sei. Als ob er sein eigenes Schicksal vorwegnehmen wollte, hat er gleichsam eine Vorwarnung, als er bei einer seiner Kindheitserinnerungen (die Erschießung eines Partisanen, der sich in die feindlichen Reihen eingeschlichen hatte, durch die Faschisten) behauptet, daß es dem Menschen nur durch seinen Tod möglich sei, irgend etwas endgültig unter Beweis zu stellen.

Diotallevi macht eine geradezu biblische Wandlung durch: Die diabolische Dimension des Spiels hat seinen ganzen Körper in Besitz genommen, der vom Krebs zerfressen wird.

Casaubon hat noch eine weitere Idee. Nach einer Unterhaltung mit Salon versteht er, daß die Juden bei der Weitergabe des Geheimnisses der Templer gar keine Rolle gespielt haben. Casaubon glaubt, daß es nicht realistisch ist, anzunehmen, daß die Christen so guten Kontakt zu den Rabbinern hatten, welche sie im Grunde verachteten. Deshalb ist es notwendig, mit neuen Prämissen herauszufinden, aufgrund welcher Quelle die Templer Kenntnis von der Existenz der tellurischen Ströme bekommen konnten.

Um diese Quelle zu entdecken, greifen die drei Freunde auf die Idee der ›spirituellen Ritterschaft‹ zurück, dieses tiefe Gefühl der gegenseitigen Wertschätzung und Nähe, das Belbo bereits zuvor beschrieben hatte.

Im Heiligen Land hatten die Templer auf jeden Fall Kontakte zu den muselmanischen Sekten und über diese wiederum Kontakt zu den Assassinen, denen die Kreuzfahrer sowohl Furcht als auch Bewunderung entgegenbrachten. Die Assassinen waren es schließlich, von denen die Templer nicht nur die Riten lernten (die später ein wesentliches Moment für ihre Vernichtung seitens Philipps des Schönen sein sollten), sondern auch den Genuß von Haschisch, und von denen sie vor allem von der Existenz der tellurischen Ströme erfuhren.

XVI) Die Wäscheliste

Casaubon ist eine kurze Atempause vergönnt, bevor nun das ganze Getriebe, das Belbo und er in Gang gesetzt haben, endgültig durch die Hände anderer gelenkt werden soll. Sie alle sind von diesem Geheimnis angezogen und fasziniert. Sie sind dieser phantastischen Vorstellung erlegen, deren Lösung schon so oft das Ziel menschlichen Strebens gewesen ist: der Erlangung der absoluten Macht. Casaubon verbringt einen Monat in den Bergen, Ferien, die Lia organisiert hat, da sie aufgrund des erschöpften Zustands ihres Gefährten beunruhigt ist.

Während dieser Erholungspause in den Bergen erzählt Casaubon Lia die ganze Geschichte des Großen Plans. Lia stellt wieder einmal ihren zuverlässigen Realitätssinn unter Beweis: Sie betrachtet die verschlüsselte Botschaft Ardentis, die der Ausgangspunkt all dieser Nachforschungen war, und beweist, daß es sich bei der angeblichen Botschaft um nichts anderes als eine Wäscheliste handelt. So zeigt sie auf, daß der ganze Große Plan, der auf der Interpretation dieser Wäscheliste beruht, nur eine Erfindung der drei Intellektuellen ist, die ganz ihrer eigenen Phantasie und dem Anspruch, die Geschichte neu zu erfinden, erlegen waren.

Lias Beweisführung ist unanfechtbar. Der Verfasser des kleinen Textes muß ein Kaufmann gewesen sein, der sich für seine Geschäfte ein paar Notizen gemacht und sich seine Gewinne anhand der erhaltenen Bestellungen ausgerechnet hat.

Lia stellt auch Vermutungen über das Verschwinden Ardentis auf. Sie kommt dabei zu dem Schluß, daß der Große Plan weder etwas Wahres noch etwas Poetisches an sich habe und daß er schlicht grotesk sei und keinerlei Geheimnis berge.

Bei dem Versuch, der schlüssigen Beweisführung Lias irgend etwas entgegenzustellen, gehen Casaubon schnell die Argumente aus.

Aber vermutlich ist es nicht mehr die Suche nach der Wahrheit, die Casaubon beflügelt, und seine Entfernung zu Lia vergrößert sich zusehends. Er wird sie und das Kind nicht mehr wiedersehen: Casaubon fährt nach Mailand zurück, wo die letzten dramatischen Ereignisse stattfinden werden, die diese Geschichte der Verschwörungen zu einem Ende führen.

XVII) Die Falle

Casaubon kehrt nach Mailand zurück: Belbo ist verschwunden. Als einzige Spur bleibt Casaubon das, was Belbo dem Computer anvertraut hat.

Dadurch können alle Ereignisse rekonstruiert werden, die sich während Casaubons einmonatiger Abwesenheit zugetragen haben.

Als Belbo und Lorenza an die Riviera fahren, ist bei Belbo der Entschluß gereift, sich an Agliè zu rächen. Der Ausflug nimmt auch tatsächlich ein unvorhergesehenes Ende, da Lorenza unerwarteterweise früher abreisen will. Lorenza will vermeiden, daß Agliè sie zusammen mit Belbo sieht.

Auch die Rückfahrt verläuft nicht ohne Aufregung für Belbo: Lorenza läßt ihn in Padua stehen und fährt allein mit dem Zug weiter nach Mailand.

Belbo ist wütend auf Agliè und beschließt, sich an ihm zu rächen. Er trifft ihn in seinem Büro und macht ihn glauben, daß die Karte der Templer in seinem Besitz sei, das letzte fehlende Glied, um das Geheimnis vollständig zu lösen, das es erlaubt, die tellurischen Kräfte vollständig an sich zu reißen und unter Kontrolle zu halten. Agliè versucht vergeblich, Belbo zum Aufdecken des Geheimnisses zu bewegen.

Belbos Weigerung gibt nun den Ausschlag für Agliès Entschluß, ihn zum Sprechen zu bewegen. Belbo ist im Begriff, nach Bologna abzureisen, und Agliè bittet ihn um einen Gefallen. Er möchte, daß Belbo einen Koffer mitnimmt, den dieser im Zug lassen soll und der dann später von einer anderen Person am Bahnhof in Florenz abgeholt wird.

Belbo akzeptiert und führt diesen Auftrag aus.

Als er nach Mailand zurückkehrt, erfährt er, daß der Zug aufgrund der Hinweise Reisender angehalten und der von Belbo zurückgelassene Koffer von Bombenspezialisten der Polizei geöffnet worden ist. Im Koffer wurde eine Bombe gefunden, die im Bahnhof von Florenz hätte explodieren sollen.

Belbo ist noch nicht identifiziert, aber sein Steckbrief ist in allen Zeitungen abgebildet, und er wird überall als Terrorist gesucht. Er erhält daraufhin einen anonymen Telefonanruf mit der Drohung, ihn anzuzeigen, wenn er sich nicht am 20. Juni mittags in Paris einfindet, um die Karte zu übergeben.

Belbo ist verzweifelt: Er sucht Agliè und Lorenza, aber beide sind verschwunden. Er bittet Garamond, ihm zu helfen. Dieser rät ihm allerdings, dem Befehl zu folgen. Belbo hört von einem Versteck aus ein Telefongespräch Garamonds mit und erfährt so, daß auch der Verleger an der Verschwörung beteiligt ist.

Belbo besucht ein letztes Mal Diotallevi, der im Sterben liegt. Diotallevi kann ihm keinerlei Hilfe bieten. Er sagt ihm sogar, daß sie alle beim Versuch, das Geheimnis zu enthüllen, viel zu weit gegangen seien und daß sie nun dafür bestraft würden, nicht nur allein Belbo, sondern auch er, Diotallevi. Denn Diotallevis Krebs ist, genau wie die Neuerfindung des Plans, ein Spiel mit Kombinationen, über das er die Kontrolle verloren hat.

Nicht einmal De Angelis möchte Belbo helfen. Der Kommissar hat die Nachforschungen über den Fall aufgegeben und sich versetzen lassen, da er und seine ganze Familie mit Morddrohungen belästigt worden waren.

Belbo ist allein, und es bleibt ihm nichts anderes übrig, als nach Paris zu fahren, damit er sich pünktlich am 20. Juni mittags an dem vereinbarten Ort in der Buchhandlung Sloane einfinden kann.

Von dort aus wird er zu einem anderen geheimen Treffpunkt begleitet, an dem er von weiteren Personen erwartet wird. Diesen muß er dann sein Geheimnis enthüllen und ihnen die Karte zum Tag der Sommersonnenwende übergeben. Am 24. Juni soll dann das Pendel auf der Karte den ›Umbilicus‹ zeigen, den Punkt auf der Erde, von dem aus die tellurischen Kräfte beherrschbar sind. Von Paris aus findet dann der dramatische Telefonanruf statt, mit dem Belbo Casaubon um Hilfe bittet, als er um sein Leben fürchtet. Aber die Unterhaltung wird abrupt abgebrochen, Belbo ist gefangen.

Daraufhin beschließt Casaubon, aufzubrechen und Belbo zu finden. Nachdem er in der Buchhandlung Sloane war, begibt er sich am 23. Juni ins Conservatoire, in dessen Ausstellungssälen er das Pendel vorfindet. Casaubon versteckt sich dort in Erwartung der nächtlichen Ereignisse.

XVIII) Belbos Triumph und Tod

In der Nacht vom 23. zum 24. Juni 1984 wohnt Casaubon Belbos glorreichem Ende bei.

Die Säle des Conservatoire füllen sich nach und nach mit den zahlreichen Mitgliedern der verschiedenen Sekten, die alle auf der Suche nach dem Geheimnis der Templer sind. Alle Personen, die vorher in Casaubons langem Bericht aufgetreten sind, finden sich hier wieder: von Bramanti zum Maler Riccardo, von Garamond zu Salon bis hin zu den Besuchern des Verlages, De Gubernatis, Camestres und sogar Ardenti, der auf mysteriöse Art verschwunden war und von dem man geglaubt hatte, daß er ermordet worden sei. Der Saal wird von vielen anderen Personen bevölkert, die alle den Beginn der Zeremonie, bei der das Geheimnis enthüllt werden soll, miterleben wollen. Nun tritt auch Agliè ein, der Lorenza Pellegrini an der Hand führt und die Ankunft von »einem, der weiß« verkündet, von Belbo nämlich, der von den Riesen von Avalon mit gebundenen Händen vor Agliè geführt wird.

Bevor nun Belbo zum letzten Male befragt wird, wird noch eine medianistische Sitzung abgehalten, während der die Geister von Kelley, Khunrath und Saint-Germain beschworen werden. Aber da sich Agliè schon immer mit dem sagenumwobenen unsterblichen Grafen identifiziert hat, wehrt er sich gegen eine derartige Unverschämtheit und stürzt sich auf das Medium. Die beschworenen Geister versuchen nun, sich vom Medium zu entfernen, um zu überleben, aber sowohl die Geister als auch das Medium verziehen sich. Aufgrund des Scheiterns der Geisterbeschwörung verlangt die versammelte Menge nach einem Menschenopfer.

Belbo wird auf einen Kran gehoben, und um seinen Hals wird die Schnur des Pendels gelegt. Aber alle Versuche, ihn zum Reden zu bewegen, scheitern: Belbo schweigt beharrlich.

Die Menge ruft aufs neue nach dem Menschenopfer. Daraufhin windet sich Lorenza frei und versucht, Belbo mit ihrem Körper vor der rasenden Meute zu schützen. Dies löst eine wilde Schlägerei aus, wobei Lorenza von Pierre erstochen wird; der Schemel, auf dem Belbo steht, erhält im Gemenge einen Stoß, und Belbo stirbt, erhängt am Pendel, das zweimal ausschlägt und im Leeren die Figur des Baums der Sefiroth nachzeichnet.

So ist es Belbo, der den Sieg davongetragen hat. Durch seine Unerschrockenheit und seine Verachtung für die versammelte Menge ist es ihr nicht gelungen, ihn zu erpressen und zum Sprechen zu zwingen.

Casaubon flieht durch einen unterirdischen Kanal und wandert durch die Straßen von Paris. Am Nachmittag des darauffolgenden Tages geht er noch einmal ins Conservatoire zurück, wo er keine Spur von den jüngsten nächtlichen Ereignissen mehr vorfindet.

Bevor er die Stadt verläßt, geht er noch zum Psychoanalytiker Doktor Wagner, dem er die ganze Geschichte vom Plan und von der Verschwörung erzählt. Der Doktor Wagner erklärt ihm, daß er verrückt sei.

XIX) Die Verschwörung – der Schlüsseltext – das Warten

Casaubon kehrt nach Mailand zurück. Diotallevi ist tot. Casaubon läßt sich den Großen Plan nochmals durch den Kopf gehen. Der Plan ist eine Erfindung, aber trotzdem scheint es, als existiere er wirklich, und Scharen von Diabolikern werden sich nun auf die Suche nach der Karte machen.

Wenn ein Großer Plan oder ein Geheimnis wirklich existiert, so muß das ein Geheimnis bleiben. Aus diesem Grund haben sie Belbo geglaubt, und je mehr er schwieg, um so größer wurde das Geheimnis. Es konnte nicht enthüllt werden, da es Hoffnungen enttäuscht hätte und dann kein Geheimnis mehr zu entdecken gewesen wäre. Aus diesem doppelten Grund hatte Belbo der Herausforderung der Menge die Stirn bieten können, und genau deshalb war sie entschlossen, Belbo zu töten.

Casaubon macht es sich daraufhin zur Aufgabe, den Gründen für das Verhalten seines Freundes Belbo auf die Spur zu kommen. Das gelingt ihm aufgrund eines Textes, dem ›Schlüsseltext‹, der vielleicht eine endgültige Erklärung für Belbos außergewöhnliches Opfer geben kann.

Dieser Text ist nicht im Computer Abu zu finden. Aber Casaubon hat das Gefühl, daß er zum Haus von Belbos Kindheit gehen muß, um den Text zu finden. Tatsächlich findet er dort in einem Schrank einen Text, der Belbos letzte Geschichte enthält.

Es handelt sich um das letzte Ereignis im Partisanenkrieg im April des Jahres 1945. Nachdem sie das Land erobert haben und die Faschisten verjagt sind, veranstalten die Partisanen eine feierliche Trauerveranstaltung zur Ehrung ihrer Toten. Aufgrund einer Reihe von glücklichen Umständen wird Belbo dazu auserwählt, dabei die Trompete zu blasen: Er darf die Habtacht- und die Ruhestellung blasen. Belbo kann nur eine kurze Folge von Tönen blasen, immer dieselbe, mit einer langen Endnote, die er am liebsten unendlich lang gehalten hätte. Für ihn ist das ein Moment der Offenbarung, vergleichbar mit dem der Alchimisten, die das Große Werk zu Ende führen.

Dies war Belbos großer Moment gewesen, und das hätte ihm für sein ganzes Leben genügen sollen. Aber Belbo hatte den

Moment nicht erkannt, und deshalb war er sein ganzes Leben auf der Suche nach einem Moment des Triumphes – einen Triumph, den er durch sein beharrliches Schweigen und sein großes Opfer im Pendelsaal wiedergefunden hat.

Der ›Schlüsseltext‹, der eine Erklärung gibt für Belbos Gleichgültigkeit angesichts des bedrohlichen Drängens der Menge, der Drohungen und falschen Versprechungen Agliès, ist einer der bewegendsten Teile des Romans. Dieser Text ist gewissermaßen eine tiefgreifende Definition der vermutlich komplexesten und suggestivsten Figur des Romans.

Casaubon befindet sich allein in Belbos Haus, weit weg von Lia und dem Kind. Jetzt liegt ihm alles klar vor Augen. Er weiß, daß es weder einen Großen Plan noch eine geheime Karte gibt, aber Casaubon weiß auch, daß die anderen ihn suchen, gerade weil sie die nicht existierende Karte suchen und, da Belbo tot ist, fest davon überzeugt sind, daß sie nur in seinem Besitz sein kann. Sie sind ihm auf den Fersen, sie werden kommen und ihn töten, weil es ihm nicht möglich sein wird, ihnen irgendein Geheimnis zu enthüllen.

Casaubon wartet und betrachtet den Hügel vor sich. Es ist das letzte Stück Schönheit, das ihm in seinem Leben noch gehört.

IV.
Belbos Erinnerungen

Computerdatei 1

Abu

Belbo vertraut seine Erinnerungen, Gedanken und schriftstellerischen Versuche, seine Bekenntnisse und Gefühle dem Computer an, den er liebevoll ›Abu‹ nennt, was der Verkleinerungsform von Abulafia entspricht.

Abraham Abulafia, von dem ihm Diotallevi erzählt hatte, war ein Kabbalist, der sein Leben der Wissenschaft von den Buchstabenkombinationen, den unendlichen Permutationen der Thora und der Suche nach der verborgenen Bedeutung Gottes widmete. Der Computer ist eine Art ›moderner‹ Abulafia, der unendlich viele Variationsmöglichkeiten bietet. Belbos erste Datei beschäftigt sich damit, wie man durch Eingabe von Daten und Befehlen die überraschendsten Kombinationen erzeugen kann. Auch das *Pendel* wurde mit Hilfe des Computers geschrieben. Im Unterschied zur Schreibmaschine, mit der man oft nur sehr langsam vorankommt, wenn man Buchstaben zu schnell tippt und die Typen sich ineinander verhängen, arbeitet der Computer beinahe so schnell wie der menschliche Geist und vergißt dabei nichts. Die erste Datei besteht aus einer Vielzahl von Begriffen und Daten, die zum Teil sehr überraschend miteinander verknüpft sind.

Der erste Satz enthält bereits folgende Aussagen:

1. Eine Bemerkung über das Wetter (»Oh, welch klarer spätherbstlicher Morgen Ende November«)
2. Den ersten Vers aus dem Vorwort des Evangeliums nach Johannes (»Am Anfang war das Wort«)
3. Den ersten Vers der *Ilias* von Homer (»Singe mir Muse den Zorn des Peliden«)
4. Den ersten Vers aus Ariosts *Orlando Furioso* (»Habe nun ach, die Frauen die Ritter die Waffen die Lieben, in alten Maeren wunders viel geseit«)

Hinter dieser Aufzählung steckt offensichtlich kein Sinn, man kann sie aber dennoch flüssig lesen.

›Abu‹ hat zwar ein perfektes Gedächtnis, aber es genügt ein einziger gewollter oder ungewollter Tastendruck, um alle Eingaben wieder zu löschen. So endet auch die erste Datei mit einer abgebrochenen Zeile, nämlich dem Beginn einer Frage, die

Belbo, der in L. (Lorenza) verliebt ist, sehr beschäftigt: Er weiß nicht, wo sie den vergangenen Abend verbracht hat. Er läßt sich beinahe von seinen Gefühlen überwältigen, löscht aus Scham jedoch das wieder aus, was er der Diskette anvertraut hat.

Computerdatei 2

Drei Frauen ...

Diese Diskette gehört zu einer Gruppe von Aufzeichnungen, die Belbos dringenden Wunsch enthüllen, ein Buch zu schreiben. Als gescheiterter Schriftsteller richtet sich seine Kreativität auf die Ausarbeitung des Großen Plans.

In diesem *file* erinnert sich Belbo an die Frauen, die er geliebt hat:

– Seine erste Liebe war die Madonna, Maria Santissima, an die ihn die Wiegenlieder seiner Mutter erinnerten und die er sozusagen mit der Person seiner Mutter identifiziert hat. Belbo definiert sie als ›die einzige Frau, die alles ohne mich schafft‹, wobei er sich offensichtlich auf das Dogma der Jungfräulichkeit bezieht.

– Die zweite Frau in seinem Leben war das Mädchen Marilena, in das Belbo sich verliebte, als er fasziniert das andere Geschlecht zu entdecken begann und sich über das Anderssein der Frauen bewußt wurde.

– Seine dritte Liebe war Ophelia, bei der er unwillkürlich an das Büchlein der ersten Kommunion denken muß, Symbol für die Schuldgefühle, die ihm durch eine sexualfeindliche katholische Erziehung eingeimpft wurden.

Und schließlich Cecilia. Lebendiger und erreichbarer als die anderen Frauen blieb sie Belbos unerfüllte Jugendliebe. Sie ist mit den Erinnerungen verbunden, die im Roman immer wieder auftauchen und in denen sich die Persönlichkeit Belbos deutlich erkennen läßt.

Computerdatei 3

Surabaya-Jim

In dieser Datei manifestiert sich erneut der Wunsch Belbos, ein Buch zu schreiben. Die Realität besteht jedoch aus seiner Arbeit im Lektorat, wo er höchstens durch Mittelspersonen schreibt, d. h. durch die Autoren, die er als Lektor begleitet und berät.

Die Entwicklung des *file* verläuft in mehreren aufeinander-folgenden Phasen, wobei Belbo mit einer Aufzählung der Punkte beginnt, auf die er den Autor einer Monographie im nächsten Gespräch hinweisen möchte. Anschließend malt er sich aus, wie es wäre, einen gewissen William S. (Shakespeare) zu empfangen, um ihm einige wesentliche Änderungen des *Hamlet* vorzuschlagen.

Belbo fragt sich, ob man nicht einen Roman über Gott schreiben könnte, der inkognito durch seine Schöpfung spaziert. Belbo hält diese Idee für gut, vermutet aber, daß bereits ein anderer vor ihm den gleichen Einfall hatte.

Anschließend stellt er sich vor, Schriftsteller und gleichzeitig Protagonist einer Geschichte à la Joseph Conrad zu sein, wie in dessen Roman *Lord Jim,* nach dem er auch seine Datei benennt. Er erzählt die abenteuerliche Geschichte vom Schiffbruch eines Schriftstellers in der Südsee und dessen Rückkehr in die Heimat, wo er inzwischen zum ›großen verschollenen Dichter‹ geworden ist. Da er um Jahre gealtert ist, erkennt ihn niemand mehr, auch nicht seine ehemalige Geliebte. Er könnte das Geheimnis lüften und seinen Ruhm genießen, aber er beläßt die Dinge so, wie sie sind, und ist zufrieden mit dem Erfolg, der ihm ›posthum‹ zuteil geworden ist.

Am Ende der Datei richtet sich Belbo noch einmal an William S., der inzwischen berühmt ist und ihn vergessen hat. Belbo weiß jedoch, daß in Wirklichkeit er der wahre Schöpfer des Ruhms des anderen ist.

Die Sehnsucht nach einer nie verwirklichten Kreativität wird bereits in dem Satz von E. M. Cioran angedeutet, der dem 11. Kapitel vorangestellt ist und sich offensichtlich auf Belbo bezieht: »Seine Unfruchtbarkeit war unendlich: sie hatte teil an der Ekstase.«

Computerdatei 4

Canaletto

Diese Datei stammt aus der Zeit unmittelbar nach der Demonstration, bei der Belbo und Casaubon vor der Polizei geflüchtet waren.

Belbo nimmt diesen Zwischenfall zum Anlaß, um Gedanken und eigene Erinnerungen über den Mut festzuhalten, den man nur beweisen kann, wenn sich die entsprechende Gelegenheit bietet. Hat man die erste Gelegenheit verpaßt, fühlt man sich für den Rest des Lebens als Feigling.

Belbo stellt sich die Frage nach seiner ersten verpaßten Gelegenheit. 1943/44, im Alter von zwölf Jahren, wurde er aus der Stadt in das Heimatdorf seiner Familie in den piemontesischen Bergen evakuiert.

Er war anders als die Jungen der Ortschaft, die entweder zur Canaletto- oder zur Viottolobande gehörten. Belbo beschloß, in die Viottolobande einzutreten. Nach einer harten Aufnahmeprüfung durfte er schließlich an den Unternehmungen der Jungen teilnehmen.

Eines Tages forderte der Anführer die Canalettobande zum Duell heraus. Belbo zog zwar mit in die ›Schlacht‹, verlangsamte aber beim Angriff der Gegner zusammen mit ein paar anderen Ängstlichen seine Schritte, um den Kampf aus der Ferne zu beobachten. Der Kampf fand jedoch gar nicht statt, weil die Anführer der beiden Banden eine Vereinbarung aushandelten. War es möglicherweise die Lächerlichkeit der Situation, die Belbo daran hinderte, sich in das Handgemenge zu stürzen? Dieser Gedanke kommt ihm erst jetzt als Erwachsenem, damals fühlte er sich einfach nur feige. Selbst die kurze Zeit später stattfindende Auseinandersetzung zwischen den Banden, an der er teilnimmt und bei der er sich eine Verletzung an der Lippe zuzieht, erteilt ihm keine Absolution von dem unauslöschlich eingeprägten ersten Akt der Feigheit. So wie ihn heute seine schriftstellerischen Versuche, die er selbst für schlecht hält, nicht erlösen können.

Flipper

Belbo beschreibt in diesem *file* wie mit einer Kamera in rasch aufeinanderfolgenden Sequenzen das Bild Lorenzas, deren Name jedoch nicht ein einziges Mal erwähnt wird: ihre Art, mit dem Flipper zu spielen, indem sie die unbeständigen Bahnen der Stahlkugel lenkt und vorausbestimmt. Sie tut dies jedoch nicht etwa mit ihren Händen, sondern durch entsprechende Bewegungen der Hüften und des Schambeins. Belbo richtet seinen Blick auf einen bestimmten Teil von Lorenzas Körper und verfolgt jede ihrer Bewegungen, die die Kugel daran hindern, aus dem Spielfeld zu rollen. Diese Bewegungen sind dabei von sehr femininer, erotischer Ausstrahlung und vereinen die verschiedensten Eigenschaften: Sinnlichkeit und Zärtlichkeit, Verlockung und Phantasie, Anregung und Hinauszögern des sinnlichen Spiels, Steigerung der erotischen Leidenschaft, Raffinesse, Anschmiegsamkeit und Loslösung, raffinierteste Verführungskünste und die grausame Entscheidung, den Partner zu verlassen.

In Lorenza sind all diese Eigenschaften vereint. Sie ist gleichzeitig Verführung und Verlassen. Im tragischen Schlußwort der Geschichte Belbos verkörpert sie jedoch auch den Moment höchster Verwirrung von Liebe und Tod, ein Mythos, der seit der Liebeslyrik des Mittelalters ständig wiederkehrt. Belbo wird Lorenzas Körper nur symbolisch besitzen, in dem Augenblick, in dem beide gewaltsam den Tod finden.

Computerdatei 6

Doktor Wagner

Doktor Wagner ist ein in Paris lebender österreichischer Psychotherapeut, der regelmäßig von zwei revolutionären Gruppen der Nach-'68er-Zeit zu Vorträgen nach Mailand eingeladen wird. Diese beiden Gruppen sind auf der Suche nach neuen, wenn auch künstlich geschaffenen Anregungen für ihre revolutionären Theorien und machen einander Wagner streitig.

Belbo hatte Wagner kennengelernt, als der Garamond-Verlag einige Schriften von ihm übersetzen ließ. Belbo, der immer auf der Suche nach der Bedeutung seiner Zweierbeziehungen ist, erzählt hier eine Episode, die sich während eines Abendessens mit Wagner abgespielt hat.

Auch in diesem *file* sind wichtige literarische Bezüge enthalten. So verweist Belbo zum Beispiel auf *Sodom und Gomorrha* von Marcel Proust, wenn er Doktor Wagner mit dem Baron von Charlus und dessen homosexuellen Verführungskünsten gegenüber Jupien vergleicht. Tatsächlich antwortet Wagner auf eine Bemerkung Belbos hin sehr verärgert, auf eine Art und Weise, die Belbo eher anzieht als abstößt. Die darauffolgende Bestrafung trifft ihn noch grausamer, da er nicht damit gerechnet hat. Es gibt Parallelen zu der Geschichte aus Victor Hugos Roman *Dreiundneunzig,* in der der Marquis de Lantenac einen Kanonier erst auszeichnet und dann zum Tode verurteilt, da sich erweist, daß die mutige Tat, die er vollbracht hat, erst durch seine eigene Nachlässigkeit notwendig wurde.

Vielleicht enthält diese Datei auch eine Anspielung auf die ›Prägungstheorie‹ des Verhaltensforschers Konrad Lorenz, wenn Belbo versichert, daß ihn sein verzweifeltes Bedürfnis, sich in jemanden zu verlieben, dazu treibt, dies sofort bei der erstbesten Frau zu tun, die ihm über den Weg läuft.

Eines dieser Erlebnisse, die Belbo während seines Abendessens mit Doktor Wagner erzählt, spielt in der intimen Atmosphäre einer kleinen Bar. Diese Geschichte besteht aus den kurzen Treffen und dem ängstlichen Warten auf den nächsten Tag. ›Sie‹, Sandra, ist mit dem ›Anderen‹ verheiratet, der von ihrer Beziehung weiß oder zumindest eine Ahnung davon hat, der seine Eifersucht jedoch im Zaum hält. Auch ›Er‹ ist verheiratet.

Auch beim Essen wird über Ehe und Scheidung diskutiert. Wagner nennt als Beispiel für die Unmöglichkeit einer beständigen Beziehung zwischen Mann und Frau eine provozierende These aus der Psychoanalyse. Er versichert, daß die Patienten meist weniger von ihrer eigenen Scheidung neurotisiert sind, als vielmehr von der Scheidung des ›Anderen‹.

Belbo glaubt, daß dies eine Deutung seiner eigenen Geschichte ist, und fragt Wagner nach weiteren Einzelheiten, wobei er in dem ›Anderen‹ seine eigene verheiratete Geliebte und deren Scheidung zu erkennen glaubt. Wagners Rache besteht darin, absichtlich nicht weiter auf Belbos Frage einzugehen.

Es folgt die Schilderung von Belbos Liebesgeschichte mit Sandra, die er dazu bringt, den ›Anderen‹ zu verlassen. Sandra schreibt dem ›Anderen‹ einen Abschiedsbrief und verreist. Bei ihrer Rückkehr zieht sie jedoch nicht etwa zu ihrem Geliebten, sondern entschließt sich, mit dem Mann zusammenzuleben, den sie in der Zwischenzeit kennengelernt hat.

Es ist eine Art doppeltes Verlassenwerden, bei dem sich der Geliebte und der ›Andere‹ in der gleichen Lage befinden.

Belbo scheint zu begreifen, daß hinter der Furcht vor der Scheidung des ›Anderen‹ im Grunde nur die Angst vor dem eigenen Verlassenwerden steht.

Rache, furchtbare Rache

Warum läßt sich Belbo, der intelligent ist und als erfahrener Lektor in einem anderen Verlag eine besser bezahlte Stelle finden könnte, neben seiner Arbeit mit respektablen Autoren bei Garamond auf die Machenschaften des in Piratenmanier arbeitenden Manuzio-Verlages ein?

In diesem Teil von Belbos Erinnerungen offenbart sich eine neue Seite seiner komplexen und faszinierenden Persönlichkeit. Casaubon scheint es, als betrachte Belbo seine Tätigkeit im Manuzio-Verlag als eine Art privilegierte Stellung, von der aus er die menschliche Dummheit beobachten kann. Dies ist jedoch nicht der wahre Grund für seine Arbeit beim Verlag.

Es ist auch nicht Belbo, sondern Diotallevi, der in Manuzio einen Beobachterposten sieht, von dem aus er eines Tages vielleicht in einem der zahlreichen Manuskripte eine noch unbekannte Kombination der Thora entdecken wird.

Belbo, den Lorenza stets wegen anderer Männer, die zumeist nur jämmerliche Nichtsnutze sind, verläßt, bringt es aus Feigheit nicht fertig, sich seinen Rivalen zu stellen. Er ist ein Zuschauer, der die Abenteuer Lorenzas von weitem beobachtet und diejenigen bestraft, die sich nicht mit der Rolle des Zuschauers begnügen, sondern sich für Protagonisten halten. Wie zum Beispiel die Autoren, die er bestraft, indem er sich an der von Manuzio organisierten Ausbeutung beteiligt. Belbo ist ein einsamer, maskierter Rächer, der nur von dieser verborgenen Stellung aus handeln kann. Wahrscheinlich werden die Bestraften niemals erfahren, daß sie bestraft worden sind.

Traum

Beim Lesen dieser Datei beginnt Casaubon die tieferen Beweggründe zu ahnen, die Belbo dazu veranlaßten, an der Rekonstruktion des Großen Plans und des Geheimnisses der Templer festzuhalten.

Vielleicht gibt es aber noch eine andere Ebene für die Interpretation des Traumes. Belbos Schlußgedanken, in denen er sich wünscht, ganz normal wie alle anderen auch von der Abiturprüfung zu träumen, kann man als Schlüssel für die Deutung des Traumes sehen, als einen Hinweis auf die emotionale Unreife Belbos, der diesbezüglich auf Pubertätsniveau stehengeblieben ist. Die Abiturprüfung – und vor allem der damit zusammenhängende Traum – stellt durch eine Prüfung mit Initiationscharakter den Übergang in die Erwachsenenwelt dar.

Der Traum von der Abiturprüfung kann den Wunsch ausdrücken, die Kindheit nicht zu verlassen, wobei der Traum meist mit einer nicht bestandenen oder unterbrochenen Prüfung endet. Er kann aber auch den Wunsch enthalten, durch die offizielle Bestätigung der eigenen Reife als Erwachsener anerkannt zu werden. Die sexuelle und emotionale Reife ermöglicht die Überwindung der kindlichen Gefühlsebene.

Das Fehlen dieses ›Traumes der Reife‹ bei Belbo bestätigt, daß er in einer nicht verarbeiteten kindlichen Gefühlswelt gefangen ist. Die Erinnerung an eine tiefe Beziehung zu seiner Mutter, die er verloren hat, das Bedürfnis, sich in alte, Sicherheit vermittelnde Erinnerungen zu flüchten, machen ihn unfähig, reife Beziehungen zu Frauen einzugehen, die sich ihm in der Regel immer wieder entziehen.

Durch die Rekonstruktion des Geheimnisses der Templer bietet sich Belbo die Möglichkeit, einer zwar inexistenten, aber gerade deswegen mysteriös und bedrohlich wirkenden Welt der Erwachsenen entgegenzutreten.

Computerdatei 9

Ennoia

Ennoia – oder Sophia – ist der Name, den Agliè Lorenza Pellegrini gegeben hat. Er bezeichnet den weiblichen, d. h. den guten Teil Gottes. Der Begriff stammt aus dem Griechischen und bedeutet soviel wie ›gesunder Menschenverstand‹, den Belbo in seiner zunehmend von der Phantasie dominierten Realität verliert, wo er auf der Suche nach den Templern in die Welt des Verborgenen, der Magie und der Mysterien eintaucht.

In seinem Wahn verliert er langsam die Tatsache aus den Augen, daß die Rekonstruktion des Planes, an der er zusammen mit Casaubon und Diotallevi arbeitet, erfunden ist.

In diese erste Phase, in der die Grenzen der Realität langsam verschwimmen und in der Belbo zwischen wahr und falsch nicht mehr unterscheiden kann, gehört diese Datei. Sie enthält die kurze Beschreibung eines Treffens zwischen Belbo und Lorenza, bei dem die beiden auf Veranlassung Lorenzas einen Joint rauchen, tanzen und miteinander schlafen. Belbo nennt Lorenza Megale Apohasis, was im Griechischen ›große Verneinung‹, aber auch ›große Offenbarung‹ bedeuten kann.

Erinnern wir uns bei dieser Gelegenheit an Aristoteles, in dessen Lehre von der Aussagelogik die beiden Begriffe ›bejahend‹ und ›verneinend‹ verwendet werden.

Später hat die Theologie diese Begriffe aufgegriffen. Die bejahende Theologie weist Gott den höchsten Grad an Perfektion im Hinblick auf die Schöpfung zu, die verneinende oder apophatische Theologie leugnet jede Analogie zwischen den Eigenschaften des Endlichen und denen des Unendlichen und daher auch das Bestehen irgendeiner positiven Eigenschaft Gottes.

Weil es außerhalb der menschlichen Möglichkeiten liegt, die Eigenschaften Gottes zu definieren, ist Gott ›Nichts‹.

Wenn Lorenza also Verneinung ist, so ist Belbo unfähig, sie zu erkennen; wenn sie Offenbarung ist, dann wird Belbo sie vielleicht verlieren.

Das seltsame Kabinett des Doktor Dee

Bei dieser Aufzeichnung benutzt Belbo den Computer nicht nur für das Festhalten seiner Erinnerungen, sondern er benutzt die Maschine auch, um damit einen neuen Text zu erstellen und zu komponieren.

Es handelt sich hierbei um ein Mosaik aus Zitaten und Einschüben, die bei dem Versuch, die Ereignisse und den Plan zu rekonstruieren, zusammen ein mögliches Fragment von vielen bilden. Obgleich jedes einzelne Zitat auf unterschiedliche und zeitlich getrennte Realitäten verweist, kann sich durch das Nebeneinanderstellen und die Verbindung der verschiedenen Zitate eine Bedeutungsänderung ergeben. Das Resultat kann dann einer weiteren Abwandlung unterzogen werden, bis hin zur Auflösung der ursprünglichen Bedeutung und zur Erlangung einer neuen, der einzigen Bedeutung, die dieses Zitat bei der Einfügung in die Geschichte des Großen Plans noch haben kann.

Bevor wir nun diese überaus gekonnten und raffinierten Manipulationen und Verdrehungen im Detail betrachten, soll zunächst nur das zusammengefaßt werden, was in dieser Computerdatei erzählt wird.

Kelley ist John Dee zu Diensten. Dieser ist auf der Suche nach dem Kosmischen Komplott, dem Geheimnis der Templer.

Die Handlung beginnt zur Zeit der Regierung Elisabeths I. von England (1533–1603), und zwar im Jahr 1584. Es ist das Jahr des geplatzten Treffens zwischen den Engländern und den Franzosen, das wegen der gregorianischen Kalenderreform nicht zustande kam.

Dee kehrt wütend aus Frankreich zurück und denkt sich eine Reihe von Möglichkeiten aus, die es ihm ermöglichen, wieder an die unterbrochene Folge der Treffen der Templer anzuknüpfen.

Er versucht deshalb über die Juden aus Prag, die Kabbalisten, die Okkultisten und die Rosenkreuzer einen Kontakt herzustellen.

John Dee selbst ist Alchimist, und der Rosenkreuzer Kunrath verspricht, ihm zu helfen, wofür er als Gegenleistung die Preisgabe eines alchimistischen Geheimnisses verlangt. Die

Hilfeleistung wird sich in jener Aktion der Rosenkreuzer äußern, die in den Manifesten von 1622 zum Ausbruch kommen wird. Nach Dees Tod wird das Werk von Francis Bacon fortgeführt, der im übrigen der Schuldige an Dees Tod zu sein scheint. Auch Kelley, ein unliebsamer Zeuge, wird in den Kerkern des Towers eingesperrt.

Historische Personen

John Dee und **Eduard Kelley**. In *Praga Magica* (erschienen bei Einaudi, Turin 1968) erzählt Angelo Maria Ripellino die Geschichte von John Dee und Kelley, den beiden Hauptfiguren in Belbos Geschichte.

Kelley war ein Geisterbeschwörer, der sich Talbot nannte und im Jahr 1555 in Worcester in England geboren wurde. Im Jahr 1580 hatte ihm der Henker von Lancaster die Ohren abgeschnitten, weil er der Fälschung von notariellen Dokumenten für schuldig befunden worden war. Daraufhin hatte er sich einen anderen Namen zugelegt und sich die Haare wachsen lassen, um seine Verstümmelung zu verbergen, und war anschließend nach Lancaster geflohen. Auf seinen Wanderungen war er in Wales auf ein altes Manuskript gestoßen, das er nicht entziffern konnte. Nachdem er aber herausgefunden hatte, daß dieses Manuskript die Formel enthalten könnte, die einen Hinweis zum Auffinden des ›Steins der Weisen‹ (die Alchimisten suchten den Stein der Weisen, um die Elemente in Gold umwandeln zu können), geben könnte, begab er sich im Jahr 1582 nach Mortlake zu John Dee, um von ihm das Manuskript entziffern zu lassen. Von diesem Zeitpunkt an wurde Kelley zum Assistenten John Dees.

John Dee seinerseits war Astrologe, geboren in London im Jahr 1527. Er war ein enger Freund Königin Elisabeths I. von England und wurde für seine magischen und alchimistischen Experimente äußerst geschätzt.

Dem polnischen Fürsten Laski sagte er voraus, daß er nach dem Tod des Königs Stefan Batory den polnischen Thron besteigen würde. Laski lud Dee und Kelley nach Polen ein. Die beiden gingen dann im Jahr 1584 zuerst nach Krakau und anschließend nach Prag, wo sie am Hof empfangen wurden. Auch Rudolf II., dem tschechischen Herrscher, sagte Dee voraus, daß er den polnischen Thron innehaben werde, und versprach ihm ebenfalls den Stein der Weisen.

Als Rudolf II. John Dee auf Druck des katholischen Klerus aus Böhmen verbannen mußte, der ihn der Nekromantie sowie eines Bündnisses mit dem Teufel beschuldigte, fand er zunächst Zuflucht in Krumlau. 1586 kehrte er dann nach England zurück, wo mittlerweile Jakob I. die Nachfolge Elisabeths auf dem englischen Thron angetreten hatte. Jakob war Dee nicht gewogen; Dee starb 1607 in Mortlake.

Kelley blieb in Prag und wurde sogar von Rudolf II. an den Hof gerufen, wo er seine magischen und alchimistischen Versuche fortführte. Er erhielt Geschenke und Ehrungen und sogar den Titel eines böhmischen Ritters. Im Jahr 1590 wurden ihm zwei Lehensgüter geschenkt, und er bereicherte sich noch zusätzlich, indem er Häuser und Werkstätten kaufte.

Im Jahr 1591 tötete Kelley in einem Duell einen Höfling, und der Herrscher Rudolf, verärgert durch das lange Warten auf den Stein der Weisen, den er immer noch nicht von Kelley erhalten hatte, ließ ihn im Turm einsperren. Im Gefängnis fastete er und erkrankte an den Folgen. Rudolf ließ ihn pflegen – immer noch in der Hoffnung, daß Kelley das Geheimnis preisgeben würde. Als er jedoch erkennen mußte, daß alle seine Versuche vergeblich waren, ließ er Kelleys Besitz beschlagnahmen, was Kelley und seine Familie ins Elend führte.

Während eines Fluchtversuchs fiel Kelley in den Graben des Turms, wobei er sich ein Bein verletzte, das ihm daraufhin amputiert und durch ein Holzbein ersetzt wurde. Er wurde nun wieder auf freien Fuß gesetzt. Aber seine Güter wurden ihm nicht zurückerstattet, noch wurde er am Hof empfangen.

Er geriet erneut in Gefangenschaft, diesmal aufgrund von Schulden, und wurde 1596 im Schloß von Most eingesperrt. Im Jahr 1959 bat Kelleys Frau um eine Audienz beim Kaiser, damit dieser für ihren Mann eintreten solle, da sie zusammen mit den Kindern im Elend leben mußte. Sie wurde aber unter Drohungen verjagt. Aus diesem Grund versuchte Kelley nochmals zu fliehen, aber er fiel ein weiteres Mal in den Graben und brach sich das andere Bein. Als man ihn ins Gefängnis zurückbrachte, vergiftete er sich am 1. November 1597.

William: William Shakespeare wird hier vorgestellt als Sohn einer bedeutenden Persönlichkeit, die vielleicht auch königlichen Geschlechts ist, und als Geliebter der Dark Lady, Elisabeth I. von England.

Kelley ist Williams ›Neger‹: Gegen Geld schreibt er alle Werke für William, der sie dann als seine eigenen ausgibt.

Hier übernimmt Eco einige Strömungen aus Kritikerkreisen, die entweder Shakespeares Existenz als Schriftsteller in Frage stellen oder annehmen, daß Shakespeare lediglich eine Art Strohmann gewesen oder aber nur als Lektor für die Werke anderer bekannt geworden sei.

Spenser und **Nuñez:** Bevor er sich zu dem verabredeten Treffen mit den Franzosen aufmacht, übergibt John Dee Kelley und Bacon geheime Dokumente (die einen Teil der geheimen Botschaft der Templer darstellen), die nur dann zu öffnen sind, falls er nicht zurückkommen sollte.

Auf seiner Reise wird John Dee von Spenser und Nuñez begleitet. Bei der Rückkehr nach dem verpaßten Treffen tötet Dee Nuñez mit einem Zauber, da er wütend darüber ist, daß dieser in seiner Eigenschaft als Kosmograph unfähig war, ihn über die Einrichtung des gregorianischen Kalenders zu unterrichten. Als Dee darüber nachsinnt, auf welche Weise er nun mit den Franzosen in Kontakt kommen könne, schlägt ihm Spenser die Veröffentlichung eines seiner Gedichte vor, in dem von einem Ritter des Rosenkreuzerordens die Rede ist. Dies ist in gewisser Weise ein Vorgriff auf die Strategie, die im weiteren von den Rosenkreuzern angewendet werden wird.

Der Bezug zu wirklichen Menschen ist wie folgt:

Edmund Spenser (1522–1599) war ein englischer Dichter, dessen bedeutendstes Werk *The Faery Queene* ist. Es handelt sich dabei um ein allegorisches Gedicht in zwölf Bänden, das Elisabeth I. gewidmet ist. Spenser veröffentlichte nur die ersten sechs Bände. Im ersten werden die Abenteuer der Ritter des Rosenkreuzordens erzählt.

Pedro Nuñes (nicht Nuñez) war ein portugiesischer Kosmograph, Astronom und Mathematiker. Er war Erfinder des Nonius, eines Verfahrens zur Graduierung von Meßinstrumenten zur Messung kleiner Winkel. Es scheint jedoch, daß Eco hier ein Fehler unterlaufen ist, denn zum Zeitpunkt des Treffens in Frankreich im Jahr 1584 war Pedro Nuñes, der im Jahr 1492 geboren wurde, bereits tot (Pedro Nuñes ist 1577 gestorben).

Bacon: Hier werden zwei Personen gleichen Namens zitiert.

Der erste ist **Roger Bacon** (1214–1292), ein englischer Philosoph und Theologe. Er ist Autor des Manuskriptes, das sich im Besitz John Dees befindet. In der Tat schrieb der historische Roger Bacon eine Enzyklopädie, die das gesamte Wissen umfassen sollte. Im Jahre 1277 wurden von der Kirche seine Schriften zur Astrologie verboten, und er selbst wurde ins Gefängnis geworfen.

Francis Bacon spielt eine zentrale Rolle in der Geschichte und dem Großen Plan der Templer. Francis Bacon wird hier als der Nachfolger John Dees genannt und als Erfinder aller Rekonstruktionsversuche des Plans dargestellt. Er ist der Gegner all jener, insbesondere der Jesuiten, die versuchen, über andere Mittel und Wege an das Geheimnis zu gelangen. Vielleicht ist Francis Bacon sogar der Begründer der Freimaurerei und Autor der Manifeste der Rosenkreuzer.

In Belbos Erzählung ist Kelley als der eigentliche Verfasser der Werke Williams dargestellt, während dieser wiederum als der okkulte Autor des philosophischen Werks Bacons geschildert wird. Bacon ist der geheime Autor der Manifeste der Rosenkreuzer, die wiederum aller Wahrscheinlichkeit nach Johann Valentin Andreae zuzuschreiben sind. Andreae ist seinerseits der Verfasser der Werke von Cervantes, die so geschrieben sind, daß es für spätere Generationen scheinen mußte, als sei Bacon der wahre, okkulte Autor des Romans über den spanischen Ritter gewesen.

Bacon, der Geliebte der Königin, läßt Kelley, nachdem er John Dee beseitigt hat, ins Gefängnis bringen.

Der ›Verulam‹ (so wird Bacon genannt, nachdem er von Jakob I. den Titel des Barons von Verulam und Viscounts von Saint Albans verliehen bekommen hatte) wurde im Jahre 1561 in London geboren und starb 1626 als Philosoph und Staatsmann. Sein Vater war Lord Chancellor und sah für seinen Sohn die diplomatische Laufbahn vor. Als sein Gönner, der Graf von Essex, des Verrats beschuldigt wurde, wurde Bacon ins Parlament gewählt und akzeptierte das Angebot der Königin, den Prozeß zu führen. Nach dem Tod Elisabeths I. durchlief Bacon unter deren Nachfolger Jakob I. eine steile Karriere, wurde zuerst zum Generalstaatsanwalt und anschließend zum Lord Chancellor ernannt. Er war ein eifriger Verfechter einer starken Monarchie gegen das Parlament; als er später wegen einer Bestechungsaffäre der Korruption beschuldigt wurde, legte er ein Geständnis ab.

Bacon blieb von der Gefängnisstrafe verschont, verlor jedoch sämtliche Ämter, woraufhin er sich ins Privatleben zurückzog und sich seinen Studien widmete.

Sein wissenschaftliches und philosophisches Werk ist breit gefächert. Eine genauere Darstellung würde den Rahmen des hier Möglichen sprengen, weshalb nur ein kurzer Abriß gegeben wird. Bacons Theorien sind im (unvollendet gebliebenen) *Novum Organum* aufgezeichnet:

a) Die Lehre der *idola,* die dem *pars destruens* angehören: 1) *idola tribus* = Fehler, die der menschlichen Rasse gemein sind; 2) *idola specus* = im Innern des Menschen bedingte Fehler; 3) *idola fori* = Fehler, die durch die Sprache und durch das gesellschaftliche Leben bedingt sind; 4) *idola theatri* = Fehler, die auf Personen mit weitreichendem Prestige und Autorität zurückzuführen sind, wie z. B. die großen Philosophen.

b) Die Lehre der *tabulae:* Sind erst einmal die Fehler beseitigt, kann man die Rekonstruktion der *Tafeln der Wissenschaft* in Angriff nehmen: 1) In den *tabulae praesentiae* wird jegliches Vorkommen eines bestimmten Phänomens, das untersucht werden soll, gesammelt; in den 2) *tabulae absentiae* sind alle Fälle beschrieben, in denen ein bestimmtes Phänomen nicht auftritt, obgleich die Bedingungen ähnlich sind; 3) in einem dritten Schritt werden die Daten zusammengefaßt und verglichen; 4) der letzte Schritt ist der Versuch zur Formulierung einer erklärenden Hypothese des untersuchten Phänomens.

Vor allem wegen seines Konzepts der wissenschaftlichen Überprüfbarkeit wird Bacon der modernen Naturwissenschaft zugeordnet, wodurch er gleichzeitig auch als Vorreiter der Wissenschaft und ihrer technischen und industriellen Anwendung gilt.

Die Tatsache, daß Bacon in Ecos Buch auch als Wissenschaftler erwähnt wird, der nach dem Geheimnis der Templer sucht, um dadurch die tellurischen Kräfte beherrschen zu können, hängt mit dem Plan des Philosophen Bacon zusammen, die Natur zu erforschen, um davon ausgehend technische Instrumente zu konstruieren, mit denen die Natur beherrscht werden kann. In seiner Schrift *Das Neue Atlantis* beschreibt er einen mit diesen Mitteln errichteten Staat der Zukunft.

»Francis Bacon stellt sich im Neuen Atlantis *ein Land vor, das von weisen und guten Menschen bewohnt wird, die im Haus Salomons alles Wissen zusammengetragen haben. Während der Französischen Revolution gab es Anhänger der Baconschen Methode, die das Conservatoire des Arts et Métiers als die Verwirklichung eines Bacon-Hauses verstanden wissen wollten. Aber bereits im 17. Jahrhundert wurde dieses Haus als der geheime Sitz der okkulten Bewegung der Rosenkreuzer betrachtet. So wird Bacon auf der einen Seite als Vater der modernen wissenschaftlichen Methode betrachtet, auf der anderen Seite möchte ihn die okkultistische Tradition als großen Initiator verstanden wissen. In diesem Zusammenhang gilt es noch eine zweite Tradition zu berücksichtigen, in deren Augen er als der eigentliche Verfasser sämtlicher Werke Shakespeares betrachtet wird, die offensichtlich voll von verschlüsselten Hinweisen sind. In Ecos Buch greift die Idee des Großen Plans auf diese Tradition der esoterischen Lesart des Baconschen Werkes zurück. Im Grunde befindet sich das* Pendel *in diesem metaphorisch verstandenen Haus Salomons.«*   (Omar Calabrese, *Panorama* vom 2. Oktober 1988)

Die Dark Lady: Gemeint ist Königin Elisabeth I. von England aus dem Hause der Tudors (1533–1603), auch die ›stolze Jungfrau‹, die ›jungfräuliche Königin‹ und die ›schwarze Jungfrau‹ genannt. Mit ›Dark Lady‹ wird auf die *Sonette* Shakespeares angespielt. In diesem Computerfile erscheint sie, berauscht von der Idee, das Geheimnis an sich zu reißen, das es ihr ermöglicht, die Welt zu beherrschen. Sie ist zugleich die Geliebte Williams und die Geliebte Kelleys. Elisabeth ist die Tochter Heinrichs VIII. und Anna Boleyns (der zweiten Ehefrau des Königs; auf sie ist die päpstliche Exkommunikation und die Abtrennung der anglikanischen Kirche von Rom zurückzuführen). Elisabeth bestieg den Thron im Jahr 1558 und vertrieb dadurch die rechtmäßige Erbin, ihre katholische Stiefschwester Maria Stuart, die aus der ersten Ehe Heinrichs VIII. hervorging. Maria wurde 1570 enthauptet.

Durch Elisabeths Regierung wurde die Herrschaft Englands über die See sowie seine koloniale und wirtschaftliche Vormachtstellung gestärkt. Die energische und autoritäre Herrscherin war eine flammende Unterstützerin der Protestanten, vor allem gegen Philipp II. von Spanien, dessen ›unbesiegbare Armada‹ sie zerstörte. Elisabeth schickte auch ihren Geliebten, den Grafen von Essex, in den Tod. Elisabeth hat nie geheiratet; mit ihr endete die Dynastie der Tudors.

Literarische und legendäre Personen und Orte

Surabaya-Jim: Kelley zeigt John Dee das Manuskript eines seiner Romane, dessen Hauptfigur Surabaya-Jim ist, zu dem er sich bereits eine andere Geschichte ausgedacht hat (s. a. Computerdatei 3).

In diesem Manuskript ist die Geschichte von Surabaya-Jim anders dargestellt: Anstatt ein berühmter Dichter zu sein, der im Inkognito lebt, findet er bei seiner Rückkehr nach England eine Familientragödie vor.

Golem: In Prag, der Goldenen Stadt, in die sich John Dee und Kelley begeben haben, um dort mit Hilfe der Juden und der Rosenkreuzer Kontakte zu knüpfen, damit die unterbrochene Folge der Treffen wiederhergestellt werden kann, werden die beiden vom Golem angegriffen.

Der Begriff des ›Golem‹ stammt aus dem talmudischen Hebräisch und bedeutet soviel wie ›formlose Masse‹. Darunter ist ein Wesen, eine Art ›Homunculus‹ zu verstehen, der von Zeit zu Zeit zum Leben erweckt wurde, wenn ihm auf der Stirn ein Vers aus der Bibel aufgetragen wurde. Dieser Homunculus war dann ein kleines Wesen mit menschlicher Gestalt, geschlechtslos, aber mit übernatürlichen Kräften versehen, von denen die Alchimisten glaubten, daß sie sie im Laboratorium künstlich erzeugen könnten.

Caligari ist eine Figur aus einem Film des deutschen Regisseurs Robert Wiene, *Das Kabinett des Doktor Caligari* (1919). Der Titel dieses Computerfiles ist dem Titel dieses Films nachempfunden. Der Film ist ein Prototyp des expressionistischen Kinos; er war auch bedeutend für die futuristischen Inszenierungen von C. Mayer und H. Janowitz.

Don Isidro Parodi: Mit diesem identifiziert sich Kelley während seines Aufenthalts im Gefängnis. Es ist eine Huldigung an den Schriftsteller Jorge Luis Borges. Parodi ist ein Detektiv, der in einer seiner Erzählungen als Hauptfigur vorkommt.

Bezüge innerhalb Belbos Text

Im folgenden werden wir auf einige der wichtigsten und interessantesten Bezüge innerhalb Belbos Erzählung hinweisen.

Doctor Dee, I suppose: Mit diesen Worten begrüßt Rabbi Allevi John Dee, als er diesen in Prag trifft. Es handelt sich hierbei um eine Paraphrase der berühmt gewordenen Frage von Stanley, als dieser im Jahr 1871 den vermißten Forschungsreisenden David Livingstone wiederfindet.

Nach Moskau, nach Moskau: Dies ist ein Hilferuf und die fortwährend enttäuschte Hoffnung der Hauptfigur aus Tschechows Stück *Die drei Schwestern.*

Der Köder: John Dee befürchtet, daß es den Juden in Prag gelingen könnte, das Geheimnis aufzudecken. Es ist deshalb notwendig, sie daran zu hindern. Zu diesem Zweck beauftragt er Kelley, ein Werk zu verfassen und es wie gewöhnlich William zuzuschreiben, eine Geschichte, die in Prag spielt und die die Juden »ganz teuflisch verleumdet«.

Dieser Text ist der *Kaufmann von Venedig,* den William jedoch umändert, indem er die Handlung von Prag nach Venedig verlegt und so die okkulte Botschaft verzerrt.

Die Trompete wird verwendet bei der Zeremonie der königlichen Hochzeiten. Kelley beobachtet die Königshochzeit durch ein Fenster des Gefängnisses und sieht, wie William seine Stelle als Trompeter einnimmt. Kelley kann nicht vor Cecilia spielen. Dies ist eine Wiederholung der Kindheitserinnerungen Belbos.

Der Verulam: Nachdem er Dee und Kelley umgebracht hat, ist Bacon der Herr über das Komplott. Er verbringt die Nächte in Pilades Bar (Pilad's Pub), wo er beim Flipperspielen dieselbe Technik wie Lorenza Pellegrini anwendet. Wie sich bereits bei diesen wenigen Hinweisen erkennen läßt, mischt Belbo auch zahlreiche Erinnerungen an Situationen, an denen er in der einen oder anderen Weise persönlich beteiligt war, in eine Erzählung, die eine eigene Struktur aufweist, auch wenn sie aus unendlich vielen Einzelteilen unterschiedlichen Ursprungs zusammengesetzt ist.

Es sei dem Leser selbst überlassen, hier noch weitere der zahlreichen Bezüge, Abwandlungen und Anspielungen auf andere Passagen im Buch oder auch außerhalb des Textes zu entdecken.

Die Rückkehr des Grafen von Saint-Germain

Die Rückker des Grafen ist eine weitere Erzählphantasie Belbos mit zahlreichen Zitaten, echten oder literarischen Personen, ein Gefüge, in das eine weitere Abwandlung der Geschichte eingebettet ist. Wie immer handelt es sich um eine Darstellung von Belbos Erinnerungen und Empfindungen.

Kelley ist aus dem Tower von London entflohen. An seiner Stelle hat er Giuseppe Balsamo einkerkern lassen; er selbst hat die Identität Cagliostros angenommen. Er zettelt eine große Verschwörung an, um alle diejenigen umzubringen, die sich mit Hilfe der Karte des Geheimnisses der Templer bemächtigen wollen. Unter seinen Opfern befindet sich auch Disraeli (Benjamin Disraeli, 1804–1881, englischer Politiker), der der Großmeister der englischen Gruppe ist. Weiter befinden sich unter ihnen der französische Vertreter der Rosenkreuzer, Nilus als Vertreter der Russen und der Ewige Jude. Sie alle sterben, weil sie beschuldigt werden, Luciano, den Komplizen des Grafen von Saint-Germain, mit einem Stilett erdolcht zu haben.

Die Ermordung des Jesuiten Crétineau erweist sich als schwierig. Seine Herrschsucht ist unermeßlich, und seine Gerissenheit, seine Doppelzüngigkeit und seine Bereitschaft zu jedwedem Verrat bedeuten eine große Erschwernis bei der Suche nach einem Grund, weshalb er angeklagt werden könnte. Sein Streben nach Luxus führt ihn dann letztlich ins Verderben.

Dieser File endet mit einer Vorahnung auf Belbos Tod.

Kelley, der nunmehr Herr des Geheimnisses über die unterirdischen Ströme ist, befindet sich kurz vor der Heirat mit Cecilia (Belbos Jugendliebe!). Jedoch erscheint vor dem Altar an Cecilias Seite der echte Giuseppe Balsamo (eine Vorwegnahme von Agliè?) zusammen mit den Templern von Provins (stellen diese die Versammlung im Conservatoire dar?).

Kelley wird geblendet, sein Gesicht wird mit Vitriol verätzt. Für ihn gibt es keine Erlösung, denn er hat versucht, eine Hauptrolle zu spielen.

Auch Belbo wird sterben müssen, als er die Hauptrolle in der von ihm erfundenen Geschichte einnimmt, nachdem er sich als Besitzer einer nicht existierenden Karte in eine von ihm selbst geschaffene Falle verstrickt hat.

Und wenn es so wäre?

Dies ist der letzte von Belbos Computerfiles. Die übrigen Notizen, die Belbo in seinem Computer niedergeschrieben hat, werden nicht mehr im einzelnen aufgeführt. Sie bilden die Spur, aufgrund der Casaubon die letzten Ereignisse in Belbos Leben rekonstruieren kann. Eine letzte Erinnerung (den ›Schlüsseltext‹) findet Casaubon in einem Schrank in Belbos Elternhaus. Das Manuskript, das er dort findet, wird ihm eine Erklärung für Belbos Tod geben.

Die letzte hier vorliegende Datei enthält die Gedanken und Überlegungen, die Belbo zu seiner Verstrickung in den Großen Plan anstellt sowie zu der Unabdingbarkeit des Großen Plans bei der Sinngebung seiner eigenen Existenz.

Der Große Plan steht stellvertretend für viele dunkle Geheimnisse der Philosophie: das Problem der Existenz Gottes und das Problem des Bösen. Der Plan steht aber auch für die vielen Dinge, die Belbo selbst in seinem Leben nicht verwirklichen konnte: Schriftsteller zu werden, die Gunst Cecilias zu erreichen, die harten Proben zu verstehen, denen er durch Lorenza unterzogen wurde.

Der Große Plan ist für ihn eine Hoffnung, die nicht zunichte gemacht werden kann, da diese Hoffnung keinen Bezug zur Realität aufweist.

Der Große Plan ist ein Anagramm, vielmehr eine Folge von Anagrammen (Dekompositionen und Neuerschaffungen der Geschichte); der Große Plan ist eine ARS MAGNA, das Anagramm des englischen Begriffs ANAGRAMS.

Der Große Plan ist sozusagen Belbos Golem und seine einzige wirkliche Verabredung (die Verabredung mit seinem Tod), nach so vielen verfehlten Verabredungen.

V.
Informationsblätter

Kleines Wörterbuch der hebräischen Ausdrücke

Halachah

Die Grundbedeutung dieses hebräischen Ausdrucks ist ›Weg‹, d. h. gesetzliche Norm, Regel.

Die Halachah umfaßt als schriftlich fixierter Teil der Thora die fünf Bücher Mose (Pentateuch), als mündliche Thora deren Interpretation. Sie ist als Religions- und Zivilgesetz in der Mischnah, dem Talmud und in den Midraschim festgehalten.

Sie findet auf sämtliche Bereiche des menschlichen Lebens Anwendung, auf das Leben des einzelnen wie auf das der Gemeinschaft, und wurde 1564 von Josef Karos im *Schulchan Aruch* kodifiziert.

Haggadah

Haggadah bedeutet ›Erzählung‹ und besteht aus einer Sammlung von Erzählungen, Gleichnissen, Sprichwörtern, Gebeten, Erörterungen und Auslegungen des Alten Testaments.

Im Gegensatz zur Halachah werden von der Haggadah, die vor allem erbaulichen Zwecken dient, alle nichtgesetzlichen Bereiche erfaßt. Das Material der Haggadah, das zuerst mündlich überliefert wurde, findet man heute im *jerusalemischen* und im *babylonischen Talmud*.

Die *Oster-Haggadah,* die Liturgie des Ostermahls *(seder)* ist bereits sehr früh entstanden.

Midrasch

Der hebräische Ausdruck ›midrasch‹ bedeutet soviel wie ›Forschung, Auslegung‹ und bezeichnet eine Methode der Bibelexegese in der jüdischen Religion.

Die Midraschim, die bis ins 5. Jh. v. Chr. auf die Anfänge des Studiums und der Auslegung der Thora zurückgehen, entwickelten sich bis ins 12. Jh. weiter. Sie entsprechen dem Bedürfnis, nach der genauen Bedeutung der gesetzlichen Vorschriften der Thora zu suchen und diese den sich verändernden Verhältnissen anzupassen.

Die Midraschim enthalten wie die Haggadah Überlieferungen historischer Ereignisse, Legenden, Erzählungen, Gleichnisse, Sprichwörter, moralische Erörterungen und Spekulationen über den Messias.

Man unterscheidet zwischen der sogenannten halachaischen Midrasch, in deren Mittelpunkt die gesetzlichen Bestimmungen stehen und die nur auf die fünf Bücher Mose Anwendung findet, und der parenätischen bzw. haggadaischen Midrasch, die auch für die anderen biblischen Bücher gilt.

Mischnah

Mischnah bedeutet im Hebräischen ›Lehre‹ und bezeichnet die Sammlung der mündlichen Gesetze, die eine rechtliche und normative Auslegung des schriftlich fixierten Gesetzes (Pentateuch) darstellen.

Die Sammlung besteht aus sechs Ordnungen:

1. SERAIM (Saaten): Vorschriften für das Gebet und die Landwirtschaft,
2. MOED (Fest): über den Sabbat und verschiedene Festtage,
3. NASCHIM (Frauen): über das Eherecht,
4. NESIKIN (Schadensfälle): Zivil- und Strafrecht,
5. KODASCHIM (heilige Dinge): über den Opferkult,
6. TOHAROTH (Reinheiten): über die Vorschriften bezüglich Reinheit und Unreinheit.

Das Judentum

Hier ist vor allem der auf das babylonische Exil folgende Zeitraum wichtig, der die Heimkehr der Juden und den Wiederaufbau des Jerusalemer Tempels umfaßt. Zentrale Figur war Esra, der den Juden mit seinen Reformen die strikte Beachtung der Thora auferlegte.

Ein weiteres sehr wichtiges Ereignis in der Geschichte des Judentums ist der Aufstand der Makkabäer (168–164 v. Chr.). Die Makkabäerzeit war vom Konflikt zwischen der extrem frommen Gruppe der Essener und den Pharisäern geprägt. Die Pharisäer hielten im Gegensatz zur priesterlichen Oberschicht der Sadduzäer neben der schriftlichen Thora auch die mündliche Überlieferung für verbindlich. Zu dieser Zeit wurde der Begriff ›Synagoge‹ geprägt. Die Institutionen des Judentums befaßten sich mit dem Studium und der Auslegung der Bibel, die eine privilegierte Stellung in der ›Synagoge‹ einnahm. Mit der Bibelexegese befaßten sich zunächst die ›Schreiber‹ und später die Rabbiner. Im Laufe der Zeit wurden dann Doktrinen ausgearbeitet und institutionalisiert.

Der Chassidismus

Mit dem Begriff ›Chassidismus‹ werden einige mystische Strömungen des Judentums bezeichnet, die aus dem Gegensatz zur Häresie der Sabbatiner entstanden sind. Der Chassidismus geht zurück auf Israel Ben Eliezer (1700–1760) und verbreitete sich in Osteuropa in Galizien, Wolhynien und in der Ukraine. Eliezer propagierte eine Form religiösen Erlebens, die auch dem einfachen Volk und nicht nur den Gesetzesgelehrten zugänglich war. Seine Lehre stieß zunächst auf heftigen Widerstand, weshalb er zwischen 1772 und 1781 auf Anweisung der höchsten Vertreter der rabbinischen Orthodoxie dreimal exkommuniziert wurde. In Anbetracht der gemeinsamen Bedrohung durch die *Haskalah,* die jüdische Aufklärung, verlor der Disput ab 1800 deutlich an Schärfe.

Der Sabbatianismus

Der Sabbatianismus stellt eine religiöse Bewegung innerhalb des Judentums dar, die im 17. Jahrhundert entstand und von messianisch-mystischen Vorstellungen und Endzeiterwartungen nach den Judenmassakern in Polen und der Ukraine sowie dem Widerstand gegenüber dem streng die religiösen Gesetze befolgenden orthodoxen Rabbinismus geprägt war. Die Bewegung wurde nach Sabbatai Zwi (1626–1676) benannt, der im Jahr 1655 erklärte, er sei der Messias.

Haskalah

Der Ausdruck ist eine Ableitung des Wortes ›*sekel*‹ (Vernunft) und bezeichnet die jüdische Aufklärung. Im späten 18. und im 19. Jahrhundert waren durch die kulturellen Veränderungen in der jüdischen Religion analog zur allgemeinen Aufklärung Ideen entstanden, die sich von Berlin aus nach Osten ausbreiteten und die Emanzipation der Juden in Osteuropa zum Ziel hatten. Dies sollte dadurch erreicht werden, daß man allen Bevölkerungsschichten den Zugang zur Bildung ermöglichte. Die Bewegung stieß auf den Widerstand orthodoxer Kreise und der mystischen Strömungen im Osten.

Die Sefiroth

Die Sefiroth, Mehrzahl des Wortes ›Sephira‹ (›Zahlen‹ oder ›Sphären‹) entsprechen den zehn Emanationen, durch die sich Gott der Welt offenbart.

Die zehn Sefiroth

1.	KETHER	Urpunkt, Krone
2.	CHOCHMAH	Weisheit
3.	BINAH	Intelligenz, Einsicht
4.	CHESSED	Liebe
5.	DIN	Gerechtigkeit, Strafgewalt
6.	RACHAMIN	Barmherzigkeit
7.	NEZACH	Ewigkeit, Sieg
8.	HOD	Pracht
9.	JESSOD	Fundament, Anfang
10.	MALCHUTH	Königtum, Reich Gottes

Die erste Sefirah wird häufig mit dem En-Sof, dem Unendlichen, gleichgesetzt (s. dort). Eco übernimmt die Einteilung nach der Überlieferung von Belboth, mit folgendem Unterschied bei der 5. und 6. Sefirah:

5.	GEBURAH	das Böse, strenges Gericht
6.	TIFERETH	Glorie, Schönheit

Die Thora

Der Begriff ›Thora‹ bedeutet ›Gesetz‹ oder ›Lehre‹ und bezeichnet die fünf Bücher Mose, den Pentateuch:

1. Genesis

Hier wird die Schöpfung dargestellt, der Sündenfall Adams und Evas und ihre Vertreibung aus dem Paradies, die erste Tötung eines Menschen (Kain), die Sintflut und der Turmbau zu Babel, die Einteilung der Menschheit in die drei großen, von Noah abstammenden Geschlechter, die Geschichte der Ahnväter des Volkes Israel, Abraham, Isaak und Jakob, die Geschichte des ägyptischen Joseph und der Zug der Familie Jakobs nach Ägypten. In der Genesis wird die Zeit vor dem Bund zwischen Gott und dem israelischen Volk geschildert.

2. Exodus

Im Exodus wird die Geschichte des Moses erzählt, der Auszug der Juden aus Ägypten, der Aufenthalt in der Wüste, die Erscheinung Gottes auf dem Berg Sinai (die Zehn Gebote), die Herstellung der Bundeslade und die Errichtung der Stiftshütte. Mit den kodifizierten Geboten des Bundes wird das ethische und religiöse Gesetz eingeführt.

3. Levitikus

Das 3. Buch Mose enthält zahlreiche Vorschriften über Opfergaben.

4. Numeri

Das 4. Buch Mose wurde nach den darin beschriebenen Volkszählungen benannt. Es schildert den Aufstand des Volkes gegen Moses, Aarons Tod und die Prophezeiungen Bileams.

5. Deuteronomium

Dieses Buch enthält drei Reden Moses', in denen er die Geschichte der Juden in der Wüste erzählt und das mosaische Gesetz formuliert. Es ist nicht eindeutig geklärt, wer dieses Buch verfaßt hat und wann genau es entstanden ist.

Die Kabbala

Der hebräische Begriff ›Kabbala‹ bedeutet ›Überlieferung‹, ›Tradition‹ und bezeichnet die Gesamtheit der mystischen und esoterischen Bewegungen des Judentums, die die persischen Religionen, den Neuplatonismus, die Gnosis, den Islam und das Christentum beeinflußten. Die Lehre der Kabbala ist in über 3000 Veröffentlichungen und einer noch größeren Anzahl von Handschriften sowie in ebenso zahlreichen mündlichen Überlieferungen enthalten. Eine genaue zeitliche Einordnung und die Bestimmung der jeweiligen Autoren ist jedoch äußerst schwierig.

Die kabbalistische Lehre kennt verschiedene Verständnisebenen der Schriften:

a) die äußere Bedeutung des Gesetzes in seiner Eigenschaft als zu beachtende Vorschrift;
b) die dahinterliegende, wahre Bedeutung;
c) die mystische Bedeutung des Gesetzes, die nur den Kabbalisten zugänglich ist;
d) die wahrhaftige Bedeutung des Gesetzes, die erst am Ende der Zeit offenbart wird.

Die Problemstellung der Kabbala ist sehr komplex, und die Untersuchungen befassen sich hauptsächlich mit dem ›verborgenen‹ und dem ›lebendigen Gott‹, d. h. mit der Suche nach dem innersten Wesen Gottes und dessen Beziehungen zu den Menschen.

Man kann innerhalb der kabbalistischen Lehre zwei Richtungen unterscheiden:

- die spekulative Kabbala (theosophische und kosmogonische Fragen)
- die praktische Kabbala (die Namen Gottes, das Geheimnis der Buchstaben und der Zahlen)

Notarikon – Gematrie – Temurah

Dies sind die in der kabbalistischen Lehre am häufigsten verwendeten Lesetechniken und Methoden zur Interpretation der Schriften. Sie gehen von einer mystischen Bedeutung der Buchstaben des hebräischen Alphabets aus, denen jeweils ein Zahlenwert zugeordnet ist.

Das Notarikon

Man erhält die mystische Bedeutung eines Wortes, indem man die einzelnen Buchstaben jeweils als Anfangsbuchstaben eines neuen Begriffs verwendet. In dem auf diese Weise neu entstandenen Begriff offenbart sich die geheime Bedeutung des Ausgangswortes, die anschließend interpretiert werden muß.

Die Gematrie

Unter Gematrie versteht man eine Lesart, die diejenigen Begriffe als äquivalent ansieht, bei denen die Quersumme der den einzelnen Buchstaben zugeordneten Zahlenwerte identisch ist. Diese Quersumme muß gedeutet werden.

Die Temurah

Bei dieser Lesetechnik werden Buchstaben nach festen Regeln vertauscht. Ein Wort kann in ein anderes umgewandelt werden.

Der Bruch der Gefäße

Die kabbalistische Lehre, die Suche nach den möglichen Kombinationen und Bedeutungen des Namen Gottes sowie alle Kombinationen der Thora bilden die kulturelle und reale Welt Diotallevis. Durch die Methode der unendlichen Kombinationen gelingt es ihm auch, seine eigene Krankheit zu deuten. Für ihn ist der ständige Bezug auf Schriften und Texte, die nach jüdischer Tradition Grundlage für die mystische und spekulative Suche sind, lebensnotwendig.

In der jüdischen Kabbala ist ›der Bruch der Gefäße‹ eine Lehre, nach der durch die Hand Gottes die Gefäße zu Bruch gingen, die das göttliche Licht enthielten. Das Licht entwich und verbarg sich in den Dingen. In den Dingen und den Menschen kann man daher Bruchstücke des göttlichen Lichts finden und wieder zusammensetzen.

Der jüdische Mystiker Isaak Luria (Jerusalem 1534 – Safed 1572), auch Ari, der Löwe genannt, war zusammen mit Moses Cordovero (1522–1570) einer der wichtigsten Vertreter der Schule von Safed, die zur zweiten Blütezeit der Kabbala im 16. Jahrhundert in Galiläa entstanden war. Cordovero widmete sich der Mystik des Sohar, der Interpretation der Sefiroth und von deren Beziehung zum En-Sof.

Luria beschäftigte sich hauptsächlich mit dem Studium der Beziehungen zwischen Gott und der Welt und dem Problem der Erlösung. Sein Einfluß auf die jüdische Mystik war von entscheidender Bedeutung.

Lurias Lehre beruht auf dem ›Zimzum‹, dem ›In-sich-Zurückziehen‹: Gott zieht sich in sich selbst zurück und hinterläßt so eine Leere, in die er auf umgekehrtem Wege durch die Schöpfung und die Offenbarung wieder zurückkehrt, wie Shevirath Ha-Kelim in seiner Lehre vom Bruch der Gefäße beschreibt. Das göttliche Licht zerstreut sich im Kosmos und dringt über die Sefiroth in die Materie ein. Aus den Scherben der zerborstenen Gefäße entsteht das Böse.

Im ›Tiqqun‹, der Lehre von der ›Wiederherstellung‹ des kosmischen Gleichgewichts, ermöglicht der Prozeß der Erlösung, an dem der Mensch teilhat, die Wiederherstellung der Einheit. Voraussetzung ist, daß er sich bei jeder seiner Handlungen von der ›Kawwanah‹, der mystischen Gesinnung, leiten läßt.

Die mystische Kabbala

Hechaloth – Die Paläste

Die Hechaloth-Schriften sind in der jüdischen Religion charakteristisch für die erste Zeit systematisch-mystischen Gedankenguts, das sich bis ins 11. Jahrhundert fortgesetzt hat.

Die beiden Leitmotive sind:

- das Motiv der *Schöpfung* in Anlehnung an das erste Kapitel der Genesis,
- die sogenannte Merkabah-Mystik, die Erscheinung Gottes auf dem *Thronwagen* nach Ezechiel 1.

Die verborgene Welt Gottes wird durch eine Reihe von Palästen versinnbildlicht, in denen strahlende Mächte wohnen. Diese Mächte bilden den Hof des auf den Thron erhobenen Gottes. Der mystische Pfad verläuft durch die Paläste und führt nach der Beseitigung von Hindernissen und Schwierigkeiten mit Hilfe von asketischen und magischen Mitteln zur Anschauung Gottes, des Ruhmes und der Erhabenheit des göttlichen Thrones (Paradies).

Die spekulative Kabbala

Das En-Sof

Die spekulative Kabbala entstand im 12. Jahrhundert in Frankreich und Spanien mit der Schule von Gerona. Ihr Schwerpunkt liegt in der Lehre vom En-Sof, dem Unendlichen. Es bezeichnet den verborgenen Gott, der in seinem innersten Wesen unfaßbar ist und daher mittels metaphorischer Ausdrücke genannt wird, die eine Antwort auf die Frage »mî« (Wer?) geben sollen:

> AJIN – das Nichts
> ARÎK ANPÎN – das lange Gesicht – der Großmütige
> ATIQÂ QADISHÂ – der alte Heilige

Schechinah

Schechinah bedeutet göttliche Immanenz.

Die vier Welten

> AZILÛTH: Welt der Emanationen
> BERI'AH   Welt der Schöpfung
> JEZIRAH: Welt der Gestaltung
> 'ASJAH: Welt der Erzeugung

In der spekulativen Kabbala wurden auch weitere grundsätzliche Aspekte der theosophischen und der kosmogonischen Lehre entwickelt, so zum Beispiel die Lehre von der Seelenwanderung und die Lehre von der Gegenwelt des Bösen.

Sohar oder Sefer Ha-Sohar

Das Buch des Glanzes

Im Rahmen der spekulativen Kabbala nimmt der **Sohar,** der systematisch alle Hauptthemen des mittelalterlichen kabbalistischen Denkens aufgreift und weiterentwickelt, einen bedeutenden Rang ein.

Der Überlieferung nach wird das Buch, das Ende des 13. Jahrhunderts in Spanien erschien, dem Rabbi Simon ben Jochai (2. Jh. n. Chr.) zugeschrieben. Es wurde jedoch vermutlich von dem spanischen Kabbalisten Mose de León (1240–1305) verfaßt.

Der Sohar enthält vor allem Homilien und gilt daher als homiletischer Midrasch, d. h. als eine Methode der ›erbaulichen‹ Auslegung des Pentateuch und anderer Bibeltexte. Er ist in fehlerhaftem Aramäisch geschrieben und besteht aus 21 Erörterungen und Schriften, von denen wir hier die wichtigsten nennen:

- das Buch des Geheimnisses: mystische Betrachtungen über die ersten Bücher der Genesis;
- die große und die kleine Versammlung: Beschreibung der Lehren, die Rabbi Simon ben Jochai in einer großen bzw. kleinen Versammlung verkündet haben soll;
- die Geheimnisse des Pentateuch: allegorische und rätselhafte Erklärungen des Pentateuch;
- die Geheimnisse der Buchstaben: Zahlenwert und mystische Bedeutung des göttlichen Tetragramms (d. h. der vier Buchstaben YHWH, aus denen das Wort ›Gott‹ gebildet wird);
- die Homilie des Geheimnisses: mystische Auslegung des Pentateuch;
- der treue Hirte: mystische Betrachtungen über die im Pentateuch vorgeschriebenen Rituale;
- die Unterweisungen des Sohar: Abhandlung über die Erschaffung der Welt.

Sefer Jezirah

Das *Buch der Schöpfung* handelt von der Erschaffung der Welt, bei der Gott die

32 WUNDERBAREN WEGE DER WEISHEIT
benutzte, die aus den
ZEHN SEFIROTH (Zahlen oder Sphären)
und den
22 BUCHSTABEN DES HEBRÄISCHEN ALPHABETS
bestehen.

Die im Sefer Jezirah enthaltene Grundproblematik geht auf die Anfänge des systematisch-mystischen Gedankenguts der jüdischen Religion im 11. Jahrhundert zurück.

Die christlichen Kabbalisten

Die Kabbala hatte großen Einfluß auf das philosophische und wissenschaftliche Denken der westlichen Welt.

Einige Denker der Renaissance, deren Namen auch im *Pendel* erwähnt werden, haben den Versuch unternommen, eine christliche Kabbala zu entwickeln. Dies waren unter anderem:

GIOVANNI PICO DELLA MIRANDOLA,
JOHANNES REUCHLIN,
HEINRICH CORNELIUS AGRIPPA VON NETTESHEIM,
F. ZORGI,
JAKOB BÖHME,
GUILLAUME POSTEL,
PISTORIUS,
JOSEPH DE VOISIN,
ATHANASIUS KIRCHER,
K. VON ROSENROTT

Die jüdische Philosophie

Unter jüdischer Philosophie versteht man die Gesamtheit des philosophischen Schaffens jüdischer Autoren, die sich mit Fragen beschäftigten, die speziell das Judentum betreffen.

Nach der Diaspora, der Zerstreuung der Juden, wurde diese Philosophie jeweils von der griechisch-hellenistischen, der arabischen und der modernen Philosophie beeinflußt.

Die Antike

Der Ägypter Philon von Alexandria (25 v. Chr. – 40 n. Chr.) verband Elemente der Überlieferung des Alten Testaments mit der Lehre Platos.

Das Mittelalter

In Babylonien kam es unter dem irakischen Herrscher David Almuqammas (9.–10. Jh.) zur Konfrontation zwischen dem jüdischen, dem christlichen und dem islamischen Glauben. Der jüdische Gelehrte Sa'adji Ben Joseph (882–942), Leiter (›Gaon‹) der jüdischen Hochschule in Sura, leugnete den Gegensatz zwischen Religion und Vernunft.

Im Abendland wurde das muslimische Spanien im 10. Jahrhundert zum bedeutendsten Zentrum der jüdischen Philosophie, deren Gedankengut von der Iberischen Halbinsel aus bis in die Provence und nach Italien gelangte. Salomon Ibn Gabirol verfaßte die erste Abhandlung der neuplatonischen jüdischen Philosophie: *Lebensquell*. Judas Levita forderte die Reinheit der jüdischen Religion, zu der sich auch diejenigen bekennen können, die nicht der Gemeinschaft der Juden angehören.

Moses Maimonides (1135–1204) unternahm mit seinem Werk *Führer der Unschlüssigen* den Versuch, den Konflikt zwischen Philosophie und Glauben beizulegen. Von der Mystik beeinflußt waren Levi Ben Gerson (1288–1344) und Chasdai Crecas (1340–1410). Inspiriert vom antirationalistischen Kampf waren die Werke von Isaak Arama (1440–1494), Isaak Abravanel (1437–1508) und dessen Sohn Judas (1470–1530), der auch unter dem Namen Leo Hebräus bekannt ist. Judas Abravanel glaubte, daß das Universum gemäß Platos Lehre von der Liebe Gottes durchdrungen sei.

Das Judentum im Mittelalter

Der Begriff ›Judentum‹ bezeichnet die Gesamtheit des religiösen Glaubens, der kulturellen und rituellen Überlieferungen und der ethnischen Bindungen des jüdischen Volkes.

Im Mittelalter entwickelten sich neben dem zentralen Thema der Befolgung und des Studiums der Gesetze zwei weitere wichtige Bereiche:

Die **Philosophie** und die **Mystik.**

Die Philosophie

Zu den wichtigsten Vertretern der jüdischen Philosophie, die vom Gedankengut der Stoiker, der Neuplatoniker, der Araber und von Aristoteles beeinflußt wurden, gehören:

AVICEBRON (1020–1069)
JUDAS LEVITA (1075–1141)
MOSES MAIMONIDES (1135–1204)

Der Mystizismus

Der Mystizismus liegt in der prophetischen Erfahrung und in der mystischen Vision der ›Merkabah‹, der Schau des Thronwagens Gottes (Ezechiel 1), begründet. Die Spekulationen über diese Erscheinung gehen sehr weit zurück und lassen an eine jüdische Gnosis denken, die parallel zur christlichen Gnosis verlief, jedoch bereits vorher entstanden war. Die jüdische Mystik wurde in erster Linie von Abraham Abulafia, einem der bedeutendsten spanischen Kabbalisten des 13. Jahrhunderts, und von dem jüdischen Mystiker Isaak Luria im 16. Jahrhundert weiterentwickelt.

Katharer und Bogomilen

In Ecos Roman stößt man auf zahlreiche und mehrmals wiederkehrende Anspielungen auf religiöse Sekten, die nach den verschiedenen Rekonstruktionsversuchen von Ardenti, Belbo und Casaubon zum Teil direkt mit dem Plan der Templer in Verbindung stehen.

Die Katharer

Der Begriff ›Katharer‹ leitet sich vom griechischen ›katharòs‹ (rein) ab und bezeichnet die christlichen Sekten, die sich auf die Reinheit der Lehre und der Moral beriefen. Im Mittelalter waren die Katharer in Mitteleuropa und in Südfrankreich weit verbreitet (vor allem in den Städten Tolosa und Albi, woher auch der Name ›Albigenser‹ stammt).

Man nimmt an, daß die Katharer unter dem Einfluß der Bogomilen im 12. Jahrhundert radikalisiert wurden. Zu den wesentlichen Elementen ihrer Lehre zählt die Ablehnung folgender Punkte: die Sakramente, die Idee von der Hölle, das Alte Testament und die Kriegsführung.

Im Jahre 1209 veranlaßte der Papst einen Kreuzzug gegen die Katharer, der in einem Massaker und damit in der Auslöschung der Bewegung endete.

Die Bogomilen

Bei den Bogomilen handelt es sich um eine christliche Sekte, die im 10. Jahrhundert in Bulgarien durch den Einfluß der Paulizianer entstand (s. dort) und durch den Popen Bogomil gegründet wurde. Ihre Lehre beruhte auf der Vorstellung der Dualität von Geist und Materie: Gott schuf die geistige Realität, die materielle Welt ist jedoch eine Schöpfung des Teufels. Auch die Bogomilen wurden verfolgt und traten nach der Eroberung Bosniens durch die ottomanischen Türken zum Islam über.

Die Paulizianer

Nach Ansicht Casaubons begegneten die Templer den Paulizianern während der Kreuzzüge und nahmen mysteriöse Beziehungen zu ihnen auf. Dadurch kam es zur Gründung der fünften Gruppe des Großen Plans auf dem Balkan.

Die vierte Gruppe befand sich in Deutschland, wo 1704 das Treffen zwischen dieser und der französischen, d. h. der dritten Gruppe vorgesehen war.

Das sechste und letzte Treffen sollte dann mit der Jerusalemer Gruppe stattfinden. Der kürzeste Weg zwischen Deutschland und dem Mittleren Orient führt über den Balkan, wo in Bulgarien die fünfte Gruppe, die der Paulizianer, im Jahre 1824 auf die Deutschen wartete, um sich dann selbst, nach dem vorgeschriebenen Zeitraum von 120 Jahren, 1944 mit der Jerusalemer Gruppe zu treffen.

Die erste Gemeinschaft der Paulizianer wurde im 7. Jahrhundert in der Stadt Kibossa in Armenien von von dem Syrer Konstantin Mananalis gegründet. Der Verfolgung durch Kaiser Konstantin IV. Pogonatos versuchten die Paulizianer durch eine Flucht an die Ufer des Schwarzen Meeres zu entgehen. Kaiser Konstantin V. Kopronymos gewährte ihnen das Recht zu predigen und förderte ihre Verbreitung in Thrazien.

In Thrazien und Bulgarien stand die Sekte der Paulizianer bald auf byzantinischer, bald auf arabischer Seite und konnte im Herrschaftsgebiet von Byzanz ihr Einflußgebiet bis ins 12. Jahrhundert weit vergrößern.

Danach traten die Paulizianer teilweise zum Islam über oder schlossen sich der Sekte der Bogomilen an.

Die wichtigsten Informationen über die Paulizianer sind in dem Werk *Historia* von Pietro Siculo, einem Beamten des byzantinischen Kaisers Basilius I. (812–886), enthalten. Aufgrund dieser Berichte geht man davon aus, daß es sich bei den Paulizianern um eine ›dualistische Sekte‹ handelte, die lediglich das Neue Testament mit Ausnahme der Briefe des Petrus anerkannte, und eine besondere Verehrung für die Briefe des Apostels Paulus empfand.

Aufgrund ihrer dualistischen Auffassung glaubten sie an eine direkte Opposition zwischen ›Geist‹ und ›Materie‹ und folgerten daraus:

- das Bestehen einer *bösen Gottheit,* die Herr über die bestehende Welt ist,
- das Bestehen einer *guten Gottheit,* die Herrscher über die Welt der Zukunft sein wird.

Sie bestritten die Fleischwerdung Christi, den sie nur als Engel anerkannten, und lehnten die Sakramente ab, da dabei materielle Dinge wie Brot, Wein und Öl verwendet werden, die ihrer Auffassung nach Teil des Bösen sind.

Die Ritterorden

Gewöhnlich wird in Geschichtsbüchern und Enzyklopädien nur sehr kurz über die Geschichte der Templer berichtet, da diese parallel zu bedeutenderen geschichtlichen Ereignissen verlief.

Der **Templerorden** entstand vor dem Hintergrund der insgesamt sieben Kreuzzüge, die von 1096/1099 bis 1270/1291 einen Zeitraum von ungefähr zwei Jahrhunderten umfaßten. Der Untergang der Templer begann mit dem Konflikt zwischen Papst Bonifaz VIII. und dem französischen König Philipp IV., der Krise des Papsttums und dem darauffolgenden Exil der Päpste in Avignon.

Während der Kreuzzüge wurden verschiedene Ritterorden gegründet, wie zum Beispiel der Orden der **Johanniter,** der aus der Bruderschaft zum Schutze des Hospitals zu Jerusalem hervorging und im Jahre 1113 von Papst Paschalis II. anerkannt wurde. 1530 errichteten sie in Malta ihr Hauptquartier und nahmen den Namen **Malteser Ritter** an. Heute ist der Malteserorden vor allem im karitativen Bereich tätig.

Die **Deutschordensritter,** eine Bruderschaft, die ursprünglich zum Zweck der Krankenpflege gegründet worden war, wurden 1190 als Ritterorden bestätigt. Der Orden war nur den deutschen Rittern vorbehalten und hatte bedeutenden Anteil an der Christianisierung Preußens. Dem Vordringen der Deutschordensritter gegen Osten wurde 1242 durch Alexander Newski Einhalt geboten. 1809 wurde der Orden von Napoleon unterdrückt und fand so ein Ende.

Die **Templer** entstanden im Jahre 1120 aus der Verbindung zwischen Hugo von Payns und einigen französischen Rittern, die sich den Schutz der Pilger im Heiligen Land zum Ziel gesetzt hatten. Man erkannte die Templer an ihren weißen, mit einem roten Kreuz bestickten Gewändern. Die Templer waren die Ritter des Tempels von Jerusalem.

Nachdem die Kreuzzüge ein Ende gefunden hatten und eine Zeit der Konsolidierung der Monarchie unter König Philipp IV. dem Schönen (1285–1314) angebrochen war, der unter anderem den Militärdienst und Abgaben einführte, die den Söldnertruppen zugute kommen sollten, ließen sich die Templer in Frankreich nieder und verwalteten dort ihre Reichtümer.

Papst Bonifaz VIII. sprach 1296 dem König das Recht ab,

Steuern gegen den Klerus zu erheben. In der Bulle ›Unam sanctam‹ (1302) bekräftigte er den Vorrang der geistlichen vor der weltlichen Macht. 1303 wurde der Papst gefangengenommen und starb kurz nach seiner Befreiung durch das Volk.

Im Jahr 1305 begann mit Clemens V. die lange Reihe der französischen Päpste, die Abhängigkeit der Kirche von Frankreich und die Verlegung der Kurie nach Avignon (1309).

Bereits 1307, nach dem Tod von Papst Bonifaz, hatte Philipp IV. begonnen, Prozesse wegen Ketzerei gegen die Templer in die Wege zu leiten, da er deren Macht und Reichtum nicht dulden wollte. Zahlreiche Ritter mußten grausame Folterqualen erleiden und fanden den Tod. Philipp zwang Papst Clemens V., den Orden auf dem Konzil von Vienne endgültig aufzuheben, und bereicherte sich am Vermögen der Templer.

Die Rosenkreuzer nach der Version von Bramanti

In einer Konferenz in Rio zum Thema ›Die Rosenkreuzer und der Umbanda‹ erläutert Professor Bramanti seine eigene Theorie über den Ursprung der Rosenkreuzer, die er unter dem Namen ›Große Weiße Bruderschaft‹ mit Pharao Amosis I. in Verbindung bringt und die seiner Ansicht nach von den über die Evolution der Rasse wachenden ›Vier Verschleierten Herren‹ beeinflußt wurden.

Den alten Ägyptern soll auch die legendäre Gestalt des ›Hermes Trismegistos‹ zu verdanken sein, den man im Mittelalter und in der Renaissance für den Autor der sogenannten *Hermetischen Schriften* hielt, in denen die Lehre vom Gebrauch der Schrift und der Gesetze sowie die Offenbarung über die ursprüngliche göttliche Weisheit enthalten sind. Davon wird der Begriff ›Hermetismus‹ abgeleitet, der sowohl die italienische Renaissance als auch Homer, Salomo, Solon, Pythagoras bis hin zu Thomas von Aquin, Francis Bacon, Shakespeare, Spinoza, Einstein und Debussy beeinflußt haben soll (s. a. ›Hermetismus‹).

Die Weisen der Großen Weißen Bruderschaft seien dieselben, die die erste Freimaurerloge zur Zeit König Salomos gegründet hätten. Dante wie auch Thomas von Aquin sollen Rosenkreuzer und Freimaurer gewesen sein. Bramanti zitiert einen gewissen Kiesewetter, um die Infiltration der Templer durch die Rosenkreuzer zu beweisen, und hält sich dann bei diversen, von den Rosenkreuzern inspirierten Bewegungen auf. Bramantis Konferenz findet ein jähes Ende, als einer der Zuhörer eine vorlaute Frage stellt, worauf Bramanti sich provoziert fühlt und den Saal verläßt. Agliè, dem Casaubon anschließend über den Vortrag berichtet, bezweifelt Bramantis Theorien und erklärt, Kiesewetter sei ein Narr.

Die aktuelle Bedeutung der Rosenkreuzer

Nach der Rekonstruktion Belbos und Casaubons überschneidet sich die Geschichte der Rosenkreuzer mit der der Templer.

Bei den Rosenkreuzern handelt es sich um eine esoterische Gesellschaft, die im 17. Jahrhundert mit mystischen und theosophischen Schriften, darunter das 1614 veröffentlichte Manifest *Fama fraternitatis,* in Deutschland erschien. Die Anhänger der Rosenkreuzer beschäftigten sich mit Magie und Alchimie und hatten sich die Neugestaltung der Welt zum Ziel gesetzt. Bekanntester Vertreter der Rosenkreuzer war der englische Arzt Robert Fludd (1574–1637).

1622 erschienen an den Mauern in Paris Plakate mit folgender Inschrift:

> *»Wir, die Deputierten des Hauptkollegiums der Brüderschaft des Rosenkreuzes, nehmen durch die Gnade des Höchsten, auf den sich das Herz der Gerechten richtet, sichtbaren wie auch unsichtbaren Aufenthalt in dieser Stadt, mit dem Ziel, die Menschen, unseresgleichen, vor einem tödlichen Fehler zu bewahren.«*

Man vermutet, daß die Plakate als intellektuelle Provokation von dem Theologen Johann Valentin Andreae, dem Nachfolger Fludds, verfaßt wurden.

Symbolik und Motivation der Rosenkreuzer wurden später von den Freimaurern übernommen und waren stets Gegenstand von Spekulationen und allgemeinem Interesse. Die Botschaft der Plakate aus dem Jahr 1622 wurde von Louis Pauwels und Jacques Bergier *(Der Morgen der Magier)* als Appell moderner Wissenschaftler an die Menschheit interpretiert, der vor den Gefahren des technischen Fortschritts warnen und die Menschen von der Notwendigkeit überzeugen wollten, daß von nun an die Entwicklung in einer neuen sozialen und moralischen Perspektive gesehen werden müsse. Kurz, bei der Botschaft soll es sich um jenes ›neue Entwicklungsmodell‹ gehandelt haben, durch das die katastrophalen Folgen des Konsumdenkens und der Umweltzerstörung abgewendet werden sollten.

Den modernen Wissenschaftlern, die immer häufiger ihre unbeachtet bleibenden Appelle an die Machthaber in aller Welt richten, um die Erde vor der Selbstzerstörung durch

Ozonloch, sauren Regen, Überdüngung, Treibhauseffekt und verschiedene Quellen der Umweltverschmutzung zu retten, könnte man die Rosenkreuzer zur Seite stellen. Dem Historiker Serge Hutin zufolge verfügten sie über geheimnisvolle Mächte zur Umwandlung von Metallen und zur Verlängerung des Lebens und waren in der Lage, Kenntnis über Vorgänge an weit entfernten Orten zu erlangen sowie geheime Wissenschaften zur Entdeckung der verborgensten Dinge anzuwenden (s. a. ›Die Geschichte der Rosenkreuzer‹). Die Rosenkreuzer waren die vorausdenkenden Wissenschaftler ihrer Zeit.

Sie sollen außerdem die unbegrenzte Macht des Menschen über die Natur vorausgesagt haben. Sie behaupteten, daß der Mensch Unsterblichkeit, Kontrolle über die Naturgewalten und Kenntnis über alle Vorgänge des Universums erlangen könne (Pauwels und Bergier).

Das Ziel der Geheimgesellschaft der Rosenkreuzer, zu der nur bedeutende Persönlichkeiten zugelassen waren, lag demnach in erster Linie darin, ihre Entdeckungen vor den organisierten Mächten und vor der Habsucht und Neugier der Menschen zu schützen.

Die Kalender

Die Reform des Julianischen Kalenders durch Papst Gregor XIII. und das Entfallen von zehn Tagen im Oktober 1582 sowie die Tatsache, daß der Gregorianische Kalender von den europäischen Ländern nicht gleichzeitig übernommen wurde (in Frankreich 1583, in England erst 1752), führten dazu, daß das Treffen der französischen und der englischen Gruppe der Templer im Jahre 1584 nicht stattfinden konnte. Im folgenden Schema sind die verschiedenen Systeme zur Einteilung des Jahres dargestellt:

Kalender

Der Begriff ›Kalender‹ wird vom lateinischen ›Calendarum‹ (Rechnungsbuch) abgeleitet. Darin wurden die sogenannten Kalenden vermerkt, d. h. die Tage, an denen Schulden und Zinsen bezahlt werden mußten. Die Römer berechneten die Tage des Monats anhand von drei Daten:

die Kalendaren: jeweils der 1. Tag des Monats
die Iden: der 13. oder 15. Tag
die Nonen: jeweils der 9. Tag vor den Iden

Sonnenkalender: 12 Monate

Bei den Sonnenkalendern entspricht ein Jahr der Zeit, die die Erde für einen Umlauf um die Sonne benötigt. Sonnenkalender werden vor allem in Europa und Amerika benutzt.

Mondkalender: 12 oder 13 Monate

Mondkalender findet man bei den Moslems und in den arabischen Ländern.

Mond-Sonnen-Kalender: 12 Monate

Dazu zählt z. B. der jüdische Kalender.
Die Monate haben immer abwechselnd 29 und 30 Tage und entsprechen jeweils der Zeit, die der Mond benötigt, um wieder in die gleiche Phase zurückzukehren.

Der Julianische Kalender

Im Jahre 46 n. Chr. wurde der Kalender von Julius Caesar reformiert:

144

Das Jahr wurde in 365 Tage unterteilt. Alle vier Jahre wurde ein Tag hinzugefügt (Schaltjahr mit 366 Tagen).

Der Julianische Kalender wurde von der gesamten Christenheit angenommen und blieb bis 1582 gültig.

Da das Jahr jedoch aufgrund dieser Berechnung zu lang war, ergab sich im Laufe der Jahrhunderte im Vergleich zum Sonnenkalender und bezogen auf den Wechsel der Jahreszeiten 1582 eine Differenz von zehn Tagen.

Der Gregorianische Kalender

Um die zehntägige Verspätung wieder aufzuholen, wurde der Julianische Kalender im Jahre 1582 von Papst Gregor XIII. reformiert, indem er einfach den 5. auf den 15. Oktober verlegte.

Um in Zukunft Verzögerungen zu vermeiden, wurden alle auf die Jahrhundertwende fallenden Schaltjahre abgeschafft, ausgenommen die Schaltjahre, deren erste beide Ziffern man durch 4 teilen kann. Es ergeben sich zwar auch nach dieser Methode geringfügige Verzögerungen, diese müssen jedoch erst im Jahr 4000 korrigiert werden.

Der Kalender der Französischen Revolution

Dieser Kalender trat nach Beschluß des französischen Nationalkonvents am 24. November 1793, im Jahr 1 der Revolution in Kraft und blieb bis 1805 gültig. Das Jahr begann am 22. September, der Herbst-Tagundnachtgleiche, und war in zwölf Monate von je 30 Tagen Dauer unterteilt. Jedes Jahr kamen fünf Feiertage hinzu (in den Schaltjahren sechs Tage). Die Monatsnamen wurden umbenannt:

Drei Herbstmonate:	VENDEMIAIRE	(Weinmonat)
	BRUMAIRE	(Nebelmonat)
	FRIMAIRE	(Reifmonat)
Drei Wintermonate:	NIVOSE	(Schneemonat)
	PLUVIOSE	(Regenmonat)
	VENTOSE	(Windmonat)
Drei Frühlingsmonate:	GERMINAL	(Keimmonat)
	FLOREAL	(Blütenmonat)
	PRAIRIAL	(Wiesenmonat)
Drei Sommermonate:	MESSIDOR	(Erntemonat)
	FRUKTIDOR	(Fruchtmonat)
	THERMIDOR	(Hitzemonat)

Die Freimaurerei

Die Bezeichnung geht auf den französischen Begriff ›francma-con‹ (›freier Maurer‹) zurück.

Bei den Freimaurern handelt es sich um eine größtenteils ge-heime Organisation von Personen, deren Handeln von den Prinzipien der Brüderlichkeit geleitet wird und die sich unter-einander durch Zeichen oder Symbole erkennen. Innerhalb der Freimaurer gibt es bestimmte Gruppen, die sogenannten ›Lo-gen‹. Diese Struktur geht auf die mittelalterlichen Maurer-zünfte zurück. Die moderne Form der Freimaurerei entstand jedoch erst 1717 mit der Gründung der ›Londoner Großloge‹.

Die Ursprünge der Freimaurerei sollen bei den Rosenkreu-zern liegen, wobei die Anfänge freimaurerischen Denkens zum Teil sogar bis auf Adam zurückgeführt werden. Während die Freimaurerbewegung in den Vereinigten Staaten eher einen religiösen und unpolitischen Charakter hat, weist sie in Europa die verschiedensten Eigenschaften auf. Dort schlossen sich ih-re Anhänger bis ins vergangene Jahrhundert patriotischen und revolutionären Gruppen an und nahmen später eine reak-tionäre oder umstürzlerische Haltung ein.

In Italien erschienen die Freimaurer im Jahre 1730 und stießen auf massiven Widerstand in der katholischen Kirche, bis sie von Papst Leo XIII. im Jahr 1884 exkommuniziert wur-den (Enzyklika ›Humanum genus‹).

Die oberste Behörde der Freimaurer auf Länderebene ist die Loge des ›Grand Orient‹ (Großer Orient), an deren Spitze der ›Großmeister‹ steht. Die Hierarchie umfaßt 33 Grade.

Initiation und andere freimaurerische Zeremonien werden durch rituelle Feiern ausgeführt, wobei sich die einzelnen Riten je nach Richtung, Fraktion oder Schule der Freimaurer unter-scheiden und bisweilen sogar im Gegensatz zueinander stehen. Einige dieser Riten werden von Casaubon genannt:

Schottischer Ritus

Dieser Ritus läßt sich bis ins Jahr 1737 zurückverfolgen und steht im Gegensatz zum Ritus der Londoner Großloge.

Alter und Angenommener Schottischer Ritus

Dieser Ritus entstand mit der Urkunde ›Satzung und Regle-ment von Bordeaux‹, die der Rat der Großmeister des Ostens

und des Westens 1762 verfaßte und die 1801 in Charleston verkündet wurde.

Berichtigter Schottischer Ritus

Dieser Ritus wurde von einem schottischen Direktorium der
Freimaurer in der Auvergne geschaffen (1744).

Ritus von Swedenborg

Dieser Ritus wurde 1783 vom Marquis de Thomé gegründet.

Ritus von Memphis

Dieser Ritus, den Cagliostro 1785 ins Leben rief, wurde später
zum ›Alten und Primitiven Ritus von MEMPHIS-MISRAIM‹.

Der Gral

Im Mittelalter glaubte man, der ›Heilige Gral‹ sei der Pokal, den Jesus Christus beim letzten Abendmahl verwendet habe und in dem Joseph von Arimathia (Mitglied des Synedrion, des höchsten jüdischen Rates, und geheimer Schüler Jesu) das Blut aus der Seite des am Kreuz sterbenden Jesus Christus gesammelt habe. Anschließend soll Joseph von Arimathia selbst den Pokal nach Europa gebracht haben.

Die ›Suche nach dem Gral‹ durch die Ritter aus König Artus' ›Tafelrunde‹ hat zahlreiche Dichter inspiriert (unter anderem die Gedichte von Chrétien de Troyes, Robert de Baron und Wagners *Parsifal*).

Oberst Ardenti vermutet im Gral eine äußerst mächtige Energiequelle und glaubt, daß die Templer Hüter dieses Geheimnisses seien. Um dieses Geheimnis untereinander weiterzugeben, sollen sie den Großen Plan ausgearbeitet haben, den er entdeckt und rekonstruiert haben will.

Der Islam

Zum besseren Verständnis der Strömungen und Sekten des Islam geben wir hier einen kurzen Überblick:

Islam

Die Religion des Islam wurde in den ersten Jahrzehnten des 7. Jahrhunderts n. Chr. durch Mohammed gegründet.

Im Mittelpunkt steht das Bekenntnis zu einem monotheistischen Glauben. Der islamische Monotheismus steht im Gegensatz zur Dreifaltigkeitsvorstellung. Die vier Grundpflichten des Islam-Gläubigen sind:

– das fünfmal täglich stattfindende Gebet,
– das Geben von Almosen,
– das Fasten während des Monats Ramadan,
– die Wallfahrt nach Mekka, die einmal im Leben ausgeführt werden soll.

Eine weitere Verpflichtung für die islamische Gemeinschaft ist der ›Heilige Krieg‹ (Dschihad) gegen die Feinde Gottes, d. h. gegen die Ungläubigen, die sich einem Religionswechsel widersetzen.

Sufismus

Der Sufismus ist die bedeutendste Strömung der islamischen Mystik, deren Name von ›suf‹, der Bezeichnung für das wollene Büßergewand der ersten asketisch ausgerichteten Moslems, abgeleitet wird.

Der Sufismus wird charakterisiert durch:

– Askese,
– Aufforderung zu ständigem Gebet,
– absolutes Gottvertrauen.

Mitte des 7. Jahrhunderts begannen die ersten ›monastischen‹ Erfahrungen.

Ein bedeutender Systematiker der islamischen Mystik war Al Ghassali, der sich bemühte, die Anschauungen des Sufismus mit der offiziellen Theologie zu verbinden.

Die Schiiten

Sie sind moslemische Anhänger der Partei (Schia) Alis, des Schwiegersohns und Schwagers von Mohammed. Ali wird als einziger rechtmäßiger Nachfolger Mohammeds und damit als Oberhaupt der Gemeinschaft (Imam) angesehen. Die ersten schiitischen Bewegungen entstanden während der Bürgerkriege unter der Herrschaft der Kalifen Othman (644–656) und Ali (656–661).

Es gibt drei verschiedene schiitische Gruppierungen:

die *Ismaeliten* oder extremistischen Schiiten,
die *Imamiten* oder ›Zwölferschiiten‹,
die *Zaiditen* oder gemäßigten Schiiten.

Alle drei Glaubensgemeinschaften gehen davon aus, daß die ersten Kalifen unrechtmäßig die Herrschaft übernommen haben, da Mohammed als Nachfolger seinen Schwiegersohn Ali bestimmt hatte und das Oberhaupt der Schiiten (Imam) nur ein Nachkomme Mohammeds aus der Gemeinschaft seiner Tochter Fatima und deren Ehemann Ali sein durfte.

Zur Zeit bekennen sich nur acht bis zehn Prozent der Moslems auf der Welt zum schiitischen Glauben. Sie leben vor allem im Iran, wo die Glaubensrichtung der Zwölferschiiten als Staatsreligion anerkannt ist, sowie im Irak und in Pakistan.

Die Ismaeliten: Die Ismaeliten sind schiitische Häretiker, die ihren Namen von Ismael, dem erstgeborenen Sohn des sechsten Imam Dschafar as Sadik, ableiten. Sie halten Ismael für den siebten und letzten ›rechtmäßigen‹ Imam, d. h. für den direkten Nachfahren Alis. Da sie nur sieben Imame anerkennen, werden sie auch die ›Siebenhänder‹ genannt.

Heute bestehen die Ismaeliten nur noch aus wenigen kleinen Gruppen, wie zum Beispiel den Gefolgsleuten des Agha Khan, dem Nachfolger der Imame des Fürstentums Alamut, sowie aus einigen kleinen Sekten in Indien, Zentralasien und im Jemen.

Eine Zweiglinie der Ismaeliten sind die Drusen.

Die Imamiten: Die Imamiten sind schiitische Häretiker, die auch ›Zwölferschiiten‹ genannt werden.

Als rechtmäßiger Imam gilt ein männlicher Nachkomme aus der Gemeinschaft von Mohammeds Tochter Fatima und deren Ehemann Ali. Das Handeln des Imam ist unfehlbar, er selbst ist nur für die Auslegung des religiösen Gesetzes zuständig.

Nach dem Glauben der Imamiten hatte der Prophet Mohammed in seinem Schwiegersohn Ali und seinen Nachkommen zwölf rechtmäßige Nachfolger. Der zwölfte Imam, Muhammad Al-Mahdi, der im Jahre 878 oder 888 verschwand, soll sich an einem geheimen Ort verborgen halten, von dem aus er eines Tages wiederkehren wird, um die Gerechtigkeit wiederherzustellen. Die Glaubensform der Imamiten setzte sich im Iran als Staatsreligion durch.

Die Drusen: Sie sind eine ethnisch-religiöse Gemeinschaft, die ursprünglich in Ägypten entstand und deren Mitglieder heute im Libanon, im Süden Syriens und in Israel leben.

Die Drusen sind als Zweiglinie aus der Sekte der Ismaeliten hervorgegangen. Ihr Glaube stützt sich auf die Behauptung des fatimidischen Kalifen Al-Hakim, er sei die Inkarnation Allahs.

Seine Anhänger glauben, daß er eines Tages auf die Erde zu ihnen zurückkehren wird. Vor der Verfolgung durch die orthodoxen Moslems suchten die Drusen Zuflucht in den Bergen des Libanon.

Die Sunniten: Der Name ›Sunniten‹ leitet sich vom arabischen Wort ›sunna‹ (Brauch) ab, das die Gesamtheit der Handlungsweisen Mohammeds bezeichnet, die jedem Moslem als Vorbild gelten.

Der Alte vom Berge

Im 11. Jahrhundert fielen türkisch-mongolische Stämme in das Gebiet von Indien bis zum Irak ein, besiegten 1042 endgültig die Ghasnawiden und besetzten die iranische Hochebene. Ihr Anführer Toghrilbeg erhielt vom Kalifen den Titel eines Sultans. Von diesem Zeitpunkt an begann die lange Herrschaft der Seldschuken, während der sich die Glaubensrichtung des Ismaelismus verbreitete. Diese politisch-religiöse Anschauung stand im Gegensatz zur Zentralgewalt und stützte sich auf eine Reihe von Festungen in den Bergen. Darunter befand sich auch die Festung von Alamut in der Elburz-Bergkette. Die Festung war Zentrum des Fürstentums Alamut, das sich mit seinen Burgen von den Ufern des Kaspischen Meeres bis nach Syrien und Persien erstreckte. Im Jahre 1090 eroberte der Perser Hasan As Sabbah die Festung und gründete die mystisch-militärische Ini-tiationssekte der Assassinen.

Hasan wurde von den Kreuzfahrern ›der Ältere‹ genannt und ging mit dem Namen ›Alter vom Berge‹ in die Geschichte ein.

Bei den Okkultisten galt er als der ›Großmeister der Assassinen‹.

Einer Theorie zufolge soll sich der Name dieser islamischen Sekte vom arabischen Wort ›hashishiyyin‹ (Haschischesser) ableiten, während andere Etymologen den Namen auf den Ausdruck ›assas‹ (Wächter) zurückführen. Die Assassinen waren demnach die Wächter des Gelobten Landes. Ihr esoterisches Gedankengut entsprach ungefähr dem der Templer. Sie folgten den Lehren des Hermes Trismegistos und verehrten das Baphomet-Haupt.

Nach dem Tode Hasans im Jahre 1124 schwand die Macht der Assassinen. 1265 ergab sich die Festung von Alamut dem Mongolenfürsten Hulagu, einem Enkel Dschingis-Khans.

Das Hermes-Projekt

Um den Umfang der Arbeit verstehen zu können, die Belbo, Diotallevi und Casaubon auf sich nahmen, um das Hermes-Projekt abzuwickeln, sowie die Beschaffenheit der Manuskripte, die die drei untersuchen mußten, wird im folgenden ein kleines Glossar angeschlossen. In diesem Glossar werden die wesentlichen Informationen zu einigen thematischen Schwerpunkten aufgeführt (die der Aufzählung von Bramanti entnommen sind); Informationsmaterial, das bei der Bearbeitung der beiden Sammlungen ›Die Enthüllte Isis‹ und ›Hermetica‹ wichtig ist.

Unter den Stichworten ›Gnosis‹, ›Hermetismus‹, ›Alchimie‹, ›Okkultismus‹ usw. sind weitere Informationsblätter angefügt, entsprechend der Häufigkeit ihres Vorkommens im Roman sowie ihrem Zusammenhang zu den im Text auftretenden Personen und erzählten Begebenheiten.

Astrologie: Weissagekunst, die zu den Geheimwissenschaften zählt. Den Gestirnen wird eine Bedeutung bzw. ein Einfluß auf das menschliche Schicksal zugeschrieben; die Beobachtung der Sterne erlaubt demzufolge Schlüsse und Vorhersagen für die Zukunft. Als Wissenschaft ist die Astrologie im 3. Jahrhundert v. Chr. in Mesopotamien aufgekommen.

Arithmologie: Zahlenlehre, in der Zahlen und Größen aller Art auf ihre symbolische Bedeutung hin untersucht werden.

Chaomantie: Wahrsagekunst, die auf der Beobachtung und Deutung der gestaltlosen Materie beruht.

Exorzismus: das beim Exorzieren, d. h. Vertreiben der bösen Geister durchgeführte Ritual.

Geomantie: Wahrsagekunst, bei der der Seher natürliche oder künstliche ›Zeichen‹ in der örtlichen Umgebung, beispielsweise auf dem Erdboden oder im Sand, verwendet.

Gymnosophie: unter der Bezeichnung ›Gymnosophisten‹ verstanden manche Autoren in der griechischen Antike die Anhänger einer asketischen indischen Sekte.

Hydromantie: Wahrsagekunst, die auf der Beobachtung und Deutung des Wassers beruht.

Hellseherei: Fähigkeit, Dinge zu erkennen, die sich bereits ereignet haben, aber noch unbekannt sind, oder sich noch ereignen werden.

Kosmographie des Unsichtbaren: Die Kosmographie ist ein Teilbereich der Astronomie. Sie beschränkt sich jedoch auf die Himmelsbeschreibung, wobei mathematische und physikalische Grundkenntnisse zum Tragen kommen. Die Kosmographie des Unsichtbaren ist eine einfache Beschreibung des Universums und unsichtbarer Welten.

Magie: Unter diesem Begriff sind sowohl spirituelle und geistige Haltungen als auch rituelle Praktiken zu verstehen, die in irgendeiner Weise auf den Menschen einwirken sollen, und zwar mit Hilfe von bestimmten Worten, Gedanken, von Gestik, Tanz und Träumen.

Unter Magie wird des weiteren auch die Beherrschung der Natur unter Zuhilfenahme okkulter Kräfte verstanden. Die schadenbringende Magie wird als ›Schwarze Magie‹ bezeichnet, die zu positiven Zwecken eingesetzte Magie nennt sich ›Weiße Magie‹.

Magnetismus: Teilgebiet der Physik, das sich mit den Erscheinungen befaßt, die auf das Vorhandensein eines Magnetfelds zurückzuführen sind. Der Magnetismus ist eine physikalische Erscheinung, die darin besteht, daß ein Körper die Eigenschaft besitzt, andere Körper anzuziehen.

Onomantie: Wahrsagekunst. Vorhersage der Zukunft aufgrund der Deutung von Eigennamen und der darin verwendeten Buchstaben.

Physiognomik: Gesichtskunde. Eine Pseudowissenschaft, die vorgibt, die psychologischen und moralischen Charakterzüge einer Person anhand ihres Äußeren bestimmen zu können, insbesondere aufgrund der einzelnen Gesichtszüge und des Gesichtsausdrucks. In der Antike wurde die Physiognomik als Teil der praktischen Physiologie betrachtet. Die ›Physiognomiker‹ erschlossen den Charakter eines Menschen aufgrund seiner Entsprechungen zu bestimmten Tieren, deren charakterliche Verfassung sie zu kennen glaubten.

Physiognosis: Dieser Begriff ist eine Zusammensetzung aus zwei Einzelbegriffen: Das erste Element – physio – ist der griechische Begriff für ›Natur‹, das zweite – gnosis – bedeutet ›Wissen‹. Die Physiognosis kann somit auf alles angewendet werden, was in wissenschaftlicher oder okkulter Weise zur Kenntnis der menschlichen Natur beitragen kann.

Psychometrie: Messung und Auswertung psychologischer Erscheinungen mit mathematischen Mitteln. In der Parapsychologie stellt die Psychometrie eine Möglichkeit zur Bestimmung der paranormalen Fähigkeiten des Mediums dar.

Pyromantie: Wahrsagekunst aufgrund der Beobachtung des Verhaltens von Feuer, wobei vor allem die verschiedenen Bewegungen und Farben der Flamme gedeutet werden.

Telepathie: Fähigkeit, ohne äußere Einflüsse die Gedanken und Gefühle einer anderen Person wahrnehmen zu können. Der Begriff der Telepathie wurde im 19. Jahrhundert von F. W. Meyers geprägt, um die geistige Kommunikation zwischen räumlich weit entfernten Personen zu bezeichnen.

Spagyrik: Die spagyrische Medizin wurde im 16. Jahrhundert von Paracelsus begründet. Sie beruht auf der Beobachtung der Natur, den physikalischen, tellurischen und kosmischen Gesetzen, der Untersuchung biologischer Erscheinungen und auf dem Gebrauch chemischer Präparate zu therapeutischen Zwecken.

Thaumaturgie: die Fähigkeit, Wunder und Wunderheilungen zu vollbringen. Die Thaumaturgie wurde nur zu positiven Zwecken eingesetzt.

Theurgie: Beschwörungskunst, die mit der Magie verwandten Mitteln arbeitet, um eine Begegnung mit einer Gottheit zu bewirken. Durch diese Begegnung befähigt die Gottheit den Theurgen zu magischen Handlungen. Die Theurgie war eine eigene Form der Magie im späten Heidentum.

44.435.556 Teufel

Der griechische und spätlateinische Begriff ›Teufel‹ (diabolos) bedeutet soviel wie *Verleumder*.

Der biblische Begriff hingegen meint jemanden, der sich Gott entgegenstellt, einen *Widersacher*.

Trotzdem entsprechen sich der griechische und der hebräische Begriff *Diabolos* und *Satan*.

Im Neuen Testament wird darunter soviel wie der *Versucher* verstanden.

Die Figur des Teufels erscheint ebenfalls im Islam und im Zoroastrismus.

Anzahl der Teufel: Wierns behauptet, daß man die Teufel in *6666 Legionen* aufteilen kann, von denen jede wiederum aus *6666 schwarzen Engeln* besteht.

M. Psellus zufolge kann man die Teufel in folgende sechs Gruppen unterteilen:

> Feuerteufel
> Luftteufel
> Erdteufel
> Wasserteufel
> Teufel der Unterwelt
> Teufel der Finsternis

In Bramantis Aufzählung der Teufel erscheinen nur einige wichtige:

Beelzebub: in der Heiligen Schrift ist Beelzebub der Fürst der Dämonen, er befindet sich in der direkten Folge Satans. Die Bedeutung des Namens ist vermutlich ›der Herr der Fliegen‹.

Satan: Fürst der Finsternis. Allgemein ist man der Ansicht, daß Satan der oberste Herr aller Teufel und der Hölle sei. Manche vertreten die Meinung, er sei der Teufel der Zwietracht. Als entthronter Fürst ist er das Haupt des gegnerischen Prinzips.

Eurinomius: unterirdischer Fürst des Todes in der griechischen Mythologie, der Kadaver verspeist; Fürst der Alpträume.

Moloch: grausame semitische Gottheit, Fürst des Tränenreichs; Kinder wurden ihm als Opfer dargebracht.

Das positive Prinzip

Als Vertreter des positiven Prinzips und der himmlischen Mysterien werden von Bramanti drei Engel genannt: Michael, Gabriel und Raphael.

Die Engel

Das griechische Wort ›angelos‹ bedeutet ›Botschafter‹ oder ›Diener‹ Gottes bzw. der Götter. In der Bibel sind die Engel als himmlische Heerscharen um den Thron Gottes beschrieben. Der christlichen Überlieferung zufolge können die himmlischen Heerscharen in *neun Chöre* unterteilt werden, die sich untereinander in folgende Hierarchie gliedern:

1. Gruppe	Engel Erzengel Himmelsfürsten
2. Gruppe	Macht Kraft Herrschaft
3. Gruppe	Thronengel Cherube Seraphe

Die Engel, vor allem die Botschaftsengel, kommen ebenfalls im Islam vor. Im Mazdeismus oder im Zoroastrismus sind die wichtigsten Engel kosmologisch-ethische Wesenheiten. d. h. unsterbliche Heilige.

Bramanti wollte die drei folgenden Engel in seine Buchreihe aufnehmen:

Michael: Engel oder Erzengel, Schutzengel und Patron des jüdischen Volkes. In seiner Eigenschaft als hauptsächlicher Widersacher Satans hat Michael die Rolle des Verteidigers der Seelen beim Jüngsten Gericht übernommen.

Gabriel: Auch Gabriel kommt nicht nur in der jüdischen und der christlichen Tradition vor, sondern ebenfalls in der islamischen. Er ist ein Engel oder Erzengel, sein Platz befindet sich neben dem Thron Gottes. Seine Aufgabe ist die des Vormunds des jüdischen Volkes. Es war Gabriel, der Maria die Geburt Jesu angekündigt hat, und er war es auch, der Mohammed den Koran verkündet hat.

Raphael: Engel oder Erzengel in der jüdischen und der christlichen Tradition. Im Buch Tobias nimmt Raphael das Aussehen von Azaria an, um Tobias auf seiner Reise zu begleiten und zu beschützen. Er kommt gleichfalls in der Bibel als der Befreier Sarahs, Abrahams Gattin, vom Dämon Asmodeus vor.

Die Mysterien

In der Antike und vor allem im hellenistisch-römischen Zeitalter bezeichnet der Begriff des Mysteriums alle Erfahrungen religiöser Art im Gegensatz zu den offiziellen Kulten, da diese Erfahrungen auf Probleme eine Antwort zu bieten vermögen, die die Bedeutung der menschlichen Existenz sowie die Erlösung des einzelnen betreffen. In diesem Zusammenhang ist der Aspekt der ›Initiation‹ wesentlich. Die Aufnahmeriten sind ein Geheimnis, das Unsagbare ist allein den Teilnehmern bekannt, die alle ans Schweigen gebunden sind.

Die Anfänge der Mysterien sind im alten Griechenland zu finden. Die bekanntesten klassischen Mysterien sind die Mysterien von Eleusis. Hingegen stammen die Mysterien von Attis aus Phrygien, die Mysterien von Isis und Osiris aus Ägypten, und aus Persien kommt der Mithras-Kult bzw. die gleichnamigen Mysterien. Im allgemeinen garantiert der Mythos den Initiierten ein Heilsversprechen, verkörpert durch eine Gottheit, die stirbt und wieder aufersteht, sowie die Identifikation des Initiierten mit dieser Gottheit.

Ein Mysterium ist etwas, das dem Verstand verschlossen bleibt. Dieses Verständnis des Mysteriums wird von der christlichen Tradition wieder aufgegriffen, vor allem in ihrem Verständnis der tieferen Bedeutung von Tod und Auferstehung eines Gottes als Garantie für die Errettung. Genauso ist die Einheit und die Dreieinigkeit Gottes ein Geheimnis. In der christlichen Religion ist im allgemeinen jedes Dogma als ein Mysterium zu verstehen.

Weiterhin werden die wesentlichen Ereignisse aus dem Leben Jesu und Mariens als Mysterien angesehen. Diese Mysterien sind Gegenstand der Meditation beim Rezitieren des Rosenkranzes.

Bramanti schlägt vor, die folgenden Mysterien mit in den Plan zu übernehmen:

Isis
Ägyptische Gottheit, Gattin von Osiris.

Neben vielen anderen Funktionen, die ihr zugeschrieben werden, hat Isis die der Begleiterin der Verstorbenen inne. Das Begleiten der Verstorbenen hat dem Isis-Kult zu seiner mystischen Eigenart verholfen, indem seine Verbindungen zur

Welt im Jenseits unterstrichen werden. Der Isis-Kult war im gesamten Römischen Reich verbreitet.

Mithras
Indisch-iranische Gottheit des Lichts.

Mithras unterstützte den Gott des Himmels (den Vertreter des Guten) in dessen Kampf gegen das Böse. Aus diesem Grund wurde Mithras mit der ›Unbesiegbaren Sonne‹ gleichgesetzt. Am Beginn der Welt hat Mithras den Stier, das Symbol des Lebens, niedergemetzelt, um ihn der Macht des ›Geistes des Bösen‹ zu entziehen. Dieses Opfer verleiht den Anhängern Unsterblichkeit. Nach dem Opfer fährt Mithras zum Himmel, um sich mit der Sonne zu vereinigen.

Morpheus
Morpheus ist der Gott der Träume, Sohn des Schlafgottes. Morpheus erscheint den Schlafenden in der Gestalt einer ihnen bekannten Person.

Samothrake
Dieser mystische Kult ist nach der gleichnamigen griechischen Insel in der Ägäis benannt.

Auf der Insel Samothrake wurde die Statue der Göttin Nike entdeckt, die heute im Louvre in Paris zu sehen ist.

Eleusis
Die Mysterien von Eleusis, einer griechischen Stadt in Attika, sind die bekanntesten der klassischen Antike. Jedes Jahr werden hier die aus dem vorhellenischen Zeitalter stammenden Eleusinischen Mysterien zu Ehren der Göttinen Demeter und Persephone gefeiert. Demeter ist die Göttin der Fruchtbarkeit, Tochter von Hera, der Gattin des Zeus, und Kronos.

Persephone ist die Tochter von Zeus und Demeter. Sie wurde von Hades, dem Gott der Unterwelt, geraubt. Durch ihre Heirat mit ihm wurde sie Königin der Unterwelt. Persephone ist das Symbol für den Wechsel der Jahreszeiten, denn ihre Mutter Demeter hatte erreicht, daß ihre Tochter sich an zwei Dritteln des Jahres auf der Erde aufhalten konnte.

Die Eleusinischen Mysterien waren mit den bäuerlichen Riten der Fruchtbarkeit eng verbunden; zu den Riten selbst wurden nur die Initiierten zugelassen.

Die Initiation

»Die Wiedergeburt des neuen Menschen durch Tod und Leidenschaft« – mit diesen Worten kommentiert Agliè das Ende der Zeremonie der Rosenkreuzer. Genauso ist auch der kleinste gemeinsame Nenner jedes Initiationsrituals zu verstehen: eine komplexe ideologische Kulthandlung, die den Wechsel von ›Tod‹ und ›Auferstehung‹ darstellt. Denn der neue Jünger kann den Schritt vom alten in den neuen Zustand nur dann vollziehen, wenn er alles Bisherige hinter sich läßt (Tod), um in einen neuen Zustand (Wiedergeburt oder Auferstehung) einzutreten.

Casaubon und seine Begleiter wohnen einem Initiationsritus in einem Schloß der Rosenkreuzer bei. Die neuen Mitglieder befinden sich vor Bramanti, gekleidet in Tuniken von roter Farbe (einer symbolischen Farbe), jedoch ohne die gestickten Paramente darauf, die denjenigen vorbehalten sind, die bereits der Sekte angehören.

Ein weiteres Beispiel für die Initiation findet sich in Kapitel 113, als Bramanti in dem Saal des Consevatoire, in dem sich Belbos Schicksal beschließen wird, vor der Zeremonie einen neuen Adepten, den Maler Riccardo, befragt, der ihm mit rituellen Formeln auf seine Fragen antwortet.

Der Begriff der ›Initiation‹ stammt aus dem Lateinischen: ›Initium‹ wurde die Zeremonie genannt, der man sich unterziehen mußte, wenn man in eine Geheimgesellschaft zugelassen werden wollte.

Initiationsrituale

Initiationsrituale können in fünf verschiedene Rituale unterteilt werden:

1. *Stammesrituale* werden von männlichen Jugendlichen eines Stammes, die die Pubertät erreicht haben, durchgemacht.
2. *Aufnahmerituale* zu geschlossenen Gruppen, Verbänden oder Gesellschaften.
3. *Übergangsrituale,* hauptsächlich bei Eingeborenenstämmen, begleiten den Übergang der Zugehörigkeit von einer Altersstufe zur nächsthöheren.
4. *Unterweisungsrituale* ermöglichen den Zutritt einiger Aus-

erwählter zum Dasein als Hexenmeister, Zauberer oder Schamanen.
5. *Religiöse Initiationsrituale* bestätigen die Zugehörigkeit zu einer religiösen Gemeinschaft oder innerhalb einer solchen das Erlangen eines besonderen Status wie den der Mönchs- weihe oder der Priesterweihe.

Die Esoterik

Unter Esoterik versteht man einen Komplex unterschiedlicher Geheimlehren.

Der Begriff kommt vom griechischen ›esoterikos‹: ›innen‹. Diese Geheimlehren und ihre Botschaft sind ausschließlich den jeweiligen Anhängern vorbehalten, im Gegensatz zu den Lehren, deren Inhalt jedermann zugänglich ist (›exoterikos‹: ›außen‹). Esoterische Richtungen sind Bestandteil kultureller Aus-formungen, die eine Geheimlehre beinhalten, wie

- Magie
- Alchimie
- Mystik
- Gnosis
- Kabbala

Das ›Geheimnis‹ wird auf zweierlei Weise verstanden:

- Das Geheimnis der Mechanismen des Universums ist nur den Initiierten zugänglich, die das Geheimnis zwar nicht kennen, es jedoch verehren können.
- Das Geheimnis beruht auf einem Pakt gegenseitiger Schweigepflicht, um sich gegen die Profanen abzugrenzen.

Diese beiden Verständnisarten der Geheimlehre führen zu zwei unterschiedlichen Aspekten:

- der mystische Aspekt;
- der magische Aspekt.

Die Formen der Esoterik

Tantrismus – Zen-Buddhismus: esoterische Strömungen, die sich neben dem Brahmanentum und dem Buddhismus entwickelt haben.

Sufismus: eine dem Islam zugehörige esoterische Strömung.

Im **Christentum** treten verschiedene esoterische Strömungen auf: die **Gnosis** sowie **mittelalterliche** esoterische Richtungen, die durch den Manichäismus geprägt sind.

Die christliche **Kabbala** der Renaissance, Strömungen der Neubelebung religiösen Interesses im 17. und 18. Jahrhundert; esoterischer Katholizismus französischer und bayrischer Prägung im 19. Jahrhundert.

Nichtchristliche Esoterik der Renaissance.

Der **Martinismus,** der auf den französischen Philosophen Louis Claude de Saint-Martin zurückgeht, sowie der damit verbundene **Martinezismus** des Portugiesen Martinez de Pasqually im 18. und 19. Jahrhundert.

Die **Freimaurerei** kann aufgrund einiger ihrer Riten auch zur Esoterik gezählt werden.

Ferner die **Theosophie** und die **Anthroposophie** des 20. Jahrhunderts.

Die Alchimie

In der Lehre der Alchimie ging man davon aus, daß zwischen sämtlichen sichtbaren und unsichtbaren Substanzen und Komponenten des Kosmos durch *Entsprechungen, Ähnlichkeiten* und *gegenseitige Beeinflussung* Beziehungen bestehen. Dieses Bezugssystem wurde erforscht, um die verschiedenen Stoffe durch Transformation aus einem ›unedlen‹ Zustand in einen edlen, vollkommenen und ›goldenen‹ Zustand umzuwandeln.

Diese Umwandlungen konnten sowohl mit den materiellen Substanzen wie den Metallen (Umwandlung von Blei zu Gold) als auch mit Menschen vorgenommen werden.

So konnte derjenige, der sich mit dieser Geheimwissenschaft befaßte, der Alchimist, einem vollständigen Wandlungsprozeß unterzogen werden, von der Wiedergeburt zur Vervollkommnung, bis hin zur vollen Entfaltung seiner Existenz.

Nach Vollendung dieser Umwandlungen haben schließlich die Menschen wie auch die Metalle einen Zustand erreicht, in dem sie von jeglicher Unreinheit und Verderbnis befreit sind. Diese Vollendung erlaubt es dem Menschen sogar, die begrenzte Dauer seiner eigenen Existenz zu überwinden.

Ursprung der Alchimie: Im Abendland gehen die ersten gesicherten Zeugnisse über alchimistische Forschungen auf das III. und IV. Jahrhundert zurück, es handelt sich dabei um griechische Texte aus Ägypten. Im Orient zeugen indische und chinesische Texte von der Alchimie.

Die Etymologie des Begriffes der Alchimie könnte auf eine Sprache ägyptischen Ursprungs schließen lassen, in der das Wort ›keme‹ die Bedeutung ›schwarze Erde‹ trägt, was wiederum der Ursprung des ins Arabische übertragenen Wortes ›alkimiya‹ sein könnte.

Im abendländischen Raum redet man von der Alchimie auch als von einer ›hermetischen Kunst‹, da sie auf Hermes Trismegistos zurückgeleitet wird. Die Kernaussage dieser Doktrin wird auf Gott zurückgeführt. Die Alchimie ist damit ein Geschenk Gottes, mittels dessen die Kenntnis der wahren Struktur des Kosmos ermöglicht wird. Diese Art des Verständnisses der Alchimie kam in der Gnosis und im Neuplatonismus auf. Andere alchimistische Traditionen stehen mit jüdischer, christlicher und islamischer Esoterik in Verbindung: Durch die ›gefallenen Engel‹ wurde die Alchimie den Menschen nach der

Erbsünde offenbart. Diese sind gezwungen, den Sündenfall Adams zu wiederholen, als dieser versuchte, die Frucht der Erkenntnis zu finden, um wieder ins Paradies zurückkehren zu können.

Die Alchimie im mittelalterlichen Denken:

ROGER BACON
ARNALDO DI VILLANOVA
RAIMUNDUS LULLUS
JEAN DE MEUNG

Die Alchimie ist eine Naturphilosophie, die sich einerseits durch Geheimhaltung und andererseits durch ein operatives Moment neben dem rein theoretischen auszeichnet.

Das Ziel der Alchimie ist es, eine ›mystische Hochzeit‹ zu bewirken, indem eine Vereinigung der stofflichen Substanzen der unbelebten Körper mit denen des Individuums hergestellt wird.

Da sie durch die Sprache nicht mitgeteilt werden können, sind diese wesentlichen Substanzen ›geheim‹. Das Bestreben des Alchimisten ist es, sowohl in sich selbst als auch in seiner Beziehung zur Natur einzelne Elemente einer heiligen Sprache zu entdecken, um dadurch das ›eigene, verborgene Selbst‹ in den universellen Kreislauf der Geheimnisse der Natur einzufügen. Das operative Moment dieses Prozesses spiegelt sich in der jeweiligen Laborpraxis wider, die ihrerseits als Vorläuferin moderner Physik und Chemie zu verstehen ist.

Die Alchimie in der Renaissance:

PARACELSUS
G. B. DELLA PORTA
JOHN DEE

Obwohl diese drei Philosophen sich nicht von der esoterischen Zielsetzung der ›heiligen Erkenntnis‹ in der Alchimie abwendeten, richtete sich ihr Interesse doch verstärkt auf die Umwandlungen der in der Wirklichkeit vorhandenen Materie.

Polemiker stellten den Alchimisten Robert Fludd in Gegensatz zu Kepler und Gassendi, deren Verständnis von Wissenschaft keine okkulten Elemente beinhaltete.

Um 1660 bezeichnete das Werk *Der skeptische Chemiker* von Robert Boyle den Beginn einer Trennung zwischen Chemie und Alchimie. In diesem Werk beruft sich Boyle auf eine Klarheit der Sprache in der Chemie, die sich innerhalb der Grenzen des Rationalen bewege und nicht an Rituale gebunden sei.

Trotzdem blieb die Alchimie im Denken der Wissenschaftler lebendig und konnte immer noch eine bestimmte Bedeutung bewahren. Noch Newton erklärte die Unerklärbarkeit der universalen Schwerkraft als ein göttliches Geheimnis, als ein ›heiliges Gesetz‹.

Der Illuminismus sprach dem alchimistischen Experiment jegliche Sakralität ab, in der Romantik hingegen wurden die Aspekte der Erkenntnis und der Wiedergeburt wieder aufgewertet.

In jüngerer Zeit haben sich Philosophen wie Merleau-Ponty und Bachelard mit der Alchimie beschäftigt, und insbesondere Carl Gustav Jung, der die Sprache der Alchimie analysiert hat (in: *Psychologie und Alchemie*).

Druidische Riten

Der Begriff ›Druide‹ stammt aus dem Keltischen und bedeutet ›sehr weise‹.

Die Kelten

Die Kelten sind ein altes Volk, das zur Gruppe der Indoeuropäer gehört. Ihr Ursprung befindet sich im heutigen Ostfrankreich sowie in den Gebieten entlang des Oberlaufs der Donau.

Im 7. und 6. vorchristlichen Jahrhundert haben sich die Kelten in Westeuropa ausgebreitet: in Belgien, auf den Britischen Inseln, in Gallien und auf der Iberischen Halbinsel die sogenannten Keltiberer. Im 4. Jahrhundert v. Chr. gelangten sie auch ins heutige Italien und breiteten sich im 4. und 3. Jahrhundert v. Chr. auf dem Balkan und in Kleinasien aus (die sogenannten Galater).

Die römischen Eroberungen, die germanischen Invasionen und schließlich die Invasion der Sachsen in Britannien im Jahre 410 verkleinerten den Einflußbereich der Kelten wieder.

Von den keltischen Sprachen haben folgende zwei Gruppen überlebt:

– das *Gälische:* im Irischen, im Schottischen sowie in der auf der Isle of Man gesprochenen Sprache,
– das *Britannische:* im Bretonischen, Walisischen und Cornischen.

Die Besonderheiten der keltischen Zivilisation sind:

– ein starkes Verbundenheitsgefühl zum jeweiligen Stamm
– eine aristokratisch gepägte Sozialstruktur, die im wesentlichen auf das Kriegshandwerk zurückgeht;
– als kohäsives Element diente die Religion, deren wichtigste Gottheiten Teutates und – bezeichnenderweise – der Kriegsgott waren.

Die Druiden

Die kultischen Angelegenheiten wurden von Priestern verwaltet, den Druiden, die eine eigene Kaste bildeten, die eher den

Charakter einer Bruderschaft mit hierarchisch gegliederter Struktur als den einer klerikalen Gemeinschaft aufwies.

Besonderheiten druidischer *Liturgie* und *Lehre* sind:
- Unsterblichkeit der Seele
- Metempsychosis (Seelenwanderung)
- vielen Pflanzen werden geheime wunderbringende Eigenschaften zugesprochen.

Den Druiden oblag gleichfalls die Rechtsprechung, was ihnen auch im politischen und sozialen Bereich einen bedeutenden Einfluß verschaffte. Unter anderem waren sie es auch, die den Ritus zur Bestimmung des Herrschers überwachten.

Die Druiden waren in einer Gemeinschaft organisiert, die sich in *drei hierarchische Grade* aufteilte:

I)   die echten Druiden: Sie führten die Opfer aus, waren Berater des Königs und hatten die Funktion von Richtern inne,

II) die Barden oder die singenden Poeten,

III) die Seher, deren Aufgabe die Wahrsagerei, die Magie und die Medizin war.

Vor allem in der dichterischen Sprache ist der Begriff ›druidisch‹ gleichbedeutend mit ›blutrünstig‹, ›blutig‹ und nimmt dadurch Bezug auf die Menschenopfer, die von den Druiden dargebracht wurden. Die Rituale und Zeremonien der druidischen Liturgie wurden später von verschiedenen Geheimgesellschaften wiederaufgegriffen, unter anderem von den Rosenkreuzern und den Freimaurern, die auf diese Weise die suggestivsten Aspekte dieser Liturgie bewahrt haben. Ein Beispiel ist das im Roman beschriebene Ritual, das mit einem Blutopfer von Schweinen endet (als Agliè seine Zuschauer noch vor Ende der Zeremonie wegführt).

Nekromantie

Das *Foucaultsche Pendel* ist eine unerschöpfliche Quelle von Anspielungen und Bezugnahmen auf Personen, Gottheiten, Religionen, Riten und Mysterien, die nicht alle mit erklärenden Fußnoten versehen werden können.

Aus diesem Grund kann auf eine zusammenfassende Darstellung der wesentlichsten Zusammenhänge und Bezüge nicht verzichtet werden, die innerhalb des Romans vorkommen.

Im Text wurden bereits die afro-amerikanischen Riten erwähnt. Im Verlauf der besagten Ereignisse in Brasilien ist außerdem von Cagliostro sowie einer ägyptischen Gottheit die Rede, zwischen welchen ein gewisser Zusammenhang besteht.

Nekromantie (vom griechischen nekros‹, ›tot‹, und ›manteia‹, der ›Wahrsagekunst‹) ist eine okkultistische Fähigkeit, die vorgibt, Tote anzurufen, um auf diese Weise von ihnen Eingebungen zu erhalten. In seiner weiteren Bedeutung wurde dieser Begriff mit Magie allgemein gleichgesetzt.

Cagliostro war ein Nekromant, Wahrsager, Alchimist und Abenteurer. Er nannte sich Alessandro Cagliostro, Graf von Palermo (geb. 1743 in Palermo – gestorben 1795 in San Leo). Sein richtiger Name lautete jedoch Giuseppe Balsamo (der im Roman mehrere Male zitiert ist). In ganz Europa hatte Cagliostro auch als Wunderheiler einen Namen.

Er gründete den Freimaurerorden nach ägyptischem Ritus und war in zahlreiche Skandale verwickelt. Einer dieser Skandale wurde von Alexandre Dumas père im ersten Teil seines vierteiligen Romans *Mémoires d'un médecin, Joseph Balsamo* beschrieben.

1789 wurde Cagliostro verurteilt. Papst Pius VI. ließ ihn in der Festung San Leo in einer Zelle ohne Tür einkerkern, in der er dann starb.

Picatrix

Ursprünglich ist *Picatrix* eine astrologische Abhandlung des arabischen Mathematikers Al-Magriti. Der Name Picatrix erscheint mehrere Male in Ecos Roman:

In Kapitel 24 wird in Belbos Brief an Casaubon eine Zeitschrift genannt, die von einer gleichnamigen Mailänder Gesellschaft, die sich mit Geheimwissenschaften befaßt, herausgegeben wird. Diese Gesellschaft begeht auf San Leo die Beschwörung des Geistes von Cagliostro. Während der Feier spricht das Medium von den sechs Siegeln, von 120 Jahren Wartezeit und von den 136 Unsichtbaren. Dabei ist ein eindeutiger Bezug zur Botschaft von Provins zu erkennen, die sich im Besitz Ardentis befindet. An dieser Beschwörungszeremonie nimmt nicht nur Belbo teil, sondern auch Kommissar De Angelis, der dem Verschwinden Ardentis nachspürt.

Der Begriff ›Picatrix‹ erscheint wieder, als Casaubon bei der Suche nach weiteren Hinweisen zur Synarchie in der Bibliothek das Buch *Mission de l'Inde en Europe* konsultieren möchte. Dieses Buch war kurz zuvor von Kommissar De Angelis zurückgegeben worden, der sich darin über mögliche Komplotte informieren wollte. Auch der Club Picatrix könnte an einem (oder mehreren) Komplotten beteiligt sein.

Die 36 Dekane

In der Geschichte der Astrologie, in der einzelnen Aspekten seit ihren Anfängen Entsprechungen in magisch-religiösen und wissenschaftlichen Bereichen nachgewiesen werden können, wird zu Beginn des 2. Jahrhunderts in den hermetischen Schriften eine präzise Theorie formuliert (wenngleich auch der Beginn der Geschichte der Astrologie weitaus älter ist und auf das 4. Jahrhundert v. Chr. datiert werden kann):

Die (positiven und negativen) Einwirkungen der astralen Gottheiten auf den Menschen und seine Metalle bewirken die von der Alchimie vorhergesehenen Umwandlungen. Dementsprechend läßt sich ein Übergang von einem ›unedlen‹ in einen ›edlen‹ oder ›goldenen‹ Zustand erkennen. In dieser Tradition kann die Theorie von den Dekanen angesiedelt werden:
– die 360° des Tierkreises sind in zwölf gleiche Teile von je 30° aufgeteilt, die Tierkreiszeichen;

- jedes Tierkreiszeichen ist von anderen unterschieden (= die Namen der einzelnen Konstellationen);
- jedes Tierkreiszeichen besteht wiederum aus drei Dekanen, insgesamt gibt es 36 Dekane;
- der Übergang der Gestirne in den jeweiligen Dekan bestimmt die ihm jeweils eigenen Einflüsse sowohl auf den Menschen als auch auf die Natur.

Die Theorie der Dekane ist im Übergang der Astrologie von der jüdisch-arabischen Welt zur römischen Welt in der in lateinischer Sprache geschriebenen Schrift arabischen Ursprungs von Picatrix niedergelegt. Die Gesellschaft, über die De Angelis seine Untersuchungen anstellt, bezieht sich auf diese Tradition.

Psychostasie

Unter Psychostasie versteht man das Abwägen der Seelen der Verstorbenen und das darauf folgende Urteil, das von den Göttern gesprochen wird.

Die Praxis des Abwägens der Seelen findet sich in vielen Religionen, wie z. B. in der des alten Ägypten, in der tibetischen Religion und im Mazdeismus.

Unter anderem mißt Agliè dem Isiskult große Bedeutung bei der Rückkehr des Spiritualismus bei, wie es im 2. und 3. Jahrhundert n. Chr. im Neuplatonismus und in der Gnosis der Fall war.

Isis war eine ägyptische Gottheit. Sie war die Schwester und Gattin von Osiris und wurde als Symbol für Ehefrau und Mutter verehrt.

Neben der Aufgabe der Schutzgöttin der Seefahrer hatte Isis auch die der Begleiterin der Verstorbenen. Später wurde der Isiskult durch seine Beziehungen zum Jenseits zu einem Geheimkult, der im gesamten Römischen Reich Ausbreitung fand.

Anubis war eine weitere Gottheit des Totenreichs im alten Ägypten, die ihrem Vater Osiris beim Abwägen der Seelen der Verstorbenen behilflich war. Anubis wurde üblicherweise als sitzender Schakal dargestellt.

Osiris, Sohn des Himmels und der Erde, war in der altägyptischen Religion der Gott des Mondes und des Wachstums.

Sein Bruder Seth, Gott der Verwüstungen und der Stürme (Seth wurde den jüdischen Gottheiten Baal, Belphagor oder Beelzebub gleichgestellt), tötete Osiris und schlug ihn in Stücke. Dieser wurde aber von seiner Gattin und Schwester Isis wieder zusammengesetzt und somit gerettet.

Osiris wurde von seinem Sohn Horo gerächt, der nach seinem Tod und seiner Wiedererstehung geboren wurde. Dementsprechend ist Osiris das Symbol für den Wechsel von Tag und Nacht, der Jahreszeiten und der Überschwemmungsperioden des Nils.

Hermetismus

Die hermetische Philosophie ist in einer unübersehbaren Menge von Zeugnissen beschrieben, die von den verschiedensten unbekannten Autoren in griechischer Sprache abgefaßt sind. Ab dem 2. Jahrhundert nach Chr. wurden diese Schriften Hermes Trismegistos zugeschrieben.

Unterteilung der Texte

I. Gruppe

Abhandlungen und Sammlungen alchimistischer und astrologischer Formeln sowie anderer okkulter Schriften.

II. Gruppe

Traktate und Schriften philosophisch-religiösen Inhalts. Von diesen sind 17 in griechischer Sprache überliefert: das *Corpus Hermeticum.* Ein 18. Traktat ist der *Asclepios,* von dem die lateinische Fassung überliefert ist, die im Werk des Apuleius von Madaura enthalten ist. Des weiteren existieren noch kürzere Texte, die von Stobeus gesammelt wurden.
Im *Asclepios* sind Religion und Riten der Ägypter dargestellt. Die übrigen Abhandlungen haben die Entstehung der Welt, die Wiedergeburt der Seele, die Befreiung der Seele von der Materie und ihren Aufstieg zur göttlichen Welt zum Thema.

Das zentrale Thema

der hermetischen Philosophie ist das Verhältnis des Menschen zu Gott, das als transzendental und unergründbar dargestellt wird.
Die *Gnosis* ist die Erkenntnis Gottes, die über eine göttliche Erleuchtung zu erfahren ist. Durch das Werk der Schöpfung gibt sich Gott teilweise zu erkennen.

Wichtige Ereignisse

Marsilio Ficino (1433–1499) war der erste, der die Texte der hermetischen Philosophie ins Lateinische übersetzt hat.

1614 unterzog der Gelehrte und Philosoph Casaubon das *Corpus Hermeticum* einer textkritischen Untersuchung und bewies, daß es während der ersten nachchristlichen Jahrhunderte entstanden sein muß. Dadurch bereitete er der Legende, daß das *Corpus Hermeticum* das Werk uralter ägyptischer Weisheiten sei, ein Ende.

Im 17. und 18. Jahrhundert erlebte die hermetische Philosophie eine weitere Blüte auf den Teilgebieten der

– Esoterik
– Alchimie
– Astrologie
– okkulten Wissenschaften

Diese Wissenschaften wurden in Geheimgesellschaften wie denen der Rosenkreuzer und der Freimaurer gepflegt.

Hermes Trismegistos: In der Antike, im Mittelalter sowie in der Renaissance wurden dieser legendären Figur die *hermetischen Schriften* zugeschrieben. Die Bedeutung des Namens ist ›der Dreimalgrößte‹ und beruht auf einer Kombination der Namen der griechischen Gottheit Hermes, Botschafter der Götter und Begleiter der Seelen, und der ägyptischen Gottheit Thot, Schreiber der Götter und Verwalter der göttlichen Weisheit.

Von Hermes Trismegistos wird auch gesagt, daß er die Ägypter den Gebrauch der Schrift gelehrt und durch seine eigenen Schriften die ursprüngliche göttliche Weisheit verkündet habe.

Die Gnosis

Die Gnosis ist eine philosophisch-religiöse Strömung, die im frühen Christentum weite Verbreitung fand. Sie wurde von den verschiedensten Geheimreligionen, von orientalischen Magien und Astrologien, von der Kabbala, dem alexandrinischen Judentum und der Philosophie des antiken Griechenland beeinflußt.

Elemente aus all diesen Doktrinen sind im Christentum in der Figur des Christus als Heiland zusammengefügt worden.

Der Gnostizismus hat folgende Ausformungen:

Die Vulgärgnosis

in der die magischen Praktiken und Elemente aus der babylonisch-iranischen Astrologie überwiegen.

Die Hauptvertreter waren:

CERINTOS
KARPOKRATES
SIMON MAGUS

Die Vulgärgnosis war in viele einzelne Sekten aufgegliedert, auch ›Ophiten‹ (von griechisch ›ophis‹, ›Schlange‹) genannt, denen der Schlangenkult gemeinsam war.

Die Gelehrte Gnosis

Das Zentrum der Gelehrten Gnosis, deren Schwerpunkt eher spekulatives Gedankengut war, war Alexandria. Tertullian und andere Kirchenväter waren wegen der starken Gemeinde der Gnostiker und deren Auslegung des Neuen Testaments besorgt.

Die Hauptvertreter waren:

BASILIDES
VALENTINUS
MARCIONE

Es gab noch eine weitere Bewegung, die **Orthodoxe Gnosis.** Diese war gleichfalls im Christentum verbreitet, vor allem durch das Werk von Origenes (griechischer Kirchenschriftsteller, 185–254 n. Chr.).

Die wesentlichen Merkmale der Gnosis sind:

Die *Kenntnis* (vom griechischen ›gnosis‹) bedeutet die Erleuchtung, die nur wenigen Initiierten vorbehalten war. Nur die Initiierten sind zur Erfahrung des Göttlichen und des Wahrens fähig, und folglich können auch nur sie bis zur Erlösung gelangen. Da die Erkenntnis also nur über die Erleuchtung möglich ist, haben der Glaube und die Werke des einzelnen keinen Einfluß auf seine Erlösung.

Der *Dualismus* zwischen Materie und Geist, Körper und Seele. Dieser Dualismus hat eine asketische Grundeinstellung zur Folge sowie die Ablehnung von Moralgesetzen, was den Initiierten wiederum die Freiheit zu jeglichen Genüssen, auch sexueller Art, verschafft.

In der spekulativen Gnosis werden folgende Begriffe unterschieden:

a) Der Begriff der *Emanation:* Gott (das unendliche Wesen, der perfekte Äon, das allererste Wesen) sind weitere Äonen niederer Ränge untergeordnet, die zusammen das *Pleroma* ergeben (die *Gesamtheit des Göttlichen*).
b) Die wirkliche, materiell gestaltete Welt ist eine Unterart des Pleromas und wird von einem *Demiurgen* regiert, dem Weltbaumeister, der die Welt aus gestaltloser Materie geformt hat.
c) Die Seele des Menschen wird als im Körper verloren betrachtet. Gott schickt einen weiteren Äon, Jesus Christus, zur Errettung des Menschen. Die Inkarnation und der Tod Christi sind symbolisch zu verstehen. Die Initiierten, die durch Jesus zur Erleuchtung gelangt sind, können sich dadurch nach ihrem Tod befreien und sich durch das schrittweise Hintersichlassen der Materie in das Pleroma einfügen.

Die Schöpfung

In Ecos Roman finden sich zahlreiche Bezüge der unterschied-
lichsten Art zum Problem der *Erkenntnis Gottes,* der *Erschaffung des Universums und des Menschen* und zum *Verhältnis von
Gott und den Menschen.*

Dennoch scheint es an dieser Stelle angebracht zu sein, einen
kurzen Überblick zum Thema der Schöpfung zu geben, die in
der theologischen Terminologie denjenigen Akt darstellt,
durch den Gott das Universum aus dem Nichts erschaffen hat.

Der schöpferische Akt

Die Handlung des schöpferischen Aktes wird, entsprechend
der jeweiligen Tradition, auf unterschiedliche Weise beschrieben:

Durch die Macht des *Wortes* wird die Wirklichkeit hervorgerufen und geschaffen, indem das bislang bestehende Chaos ge-
ordnet wird. Dieses Thema findet sich bei den ›primitiven‹ Völ-
kern Australiens, Afrikas und Amerikas sowie in den antiken
Zivilisationen des Nahen Ostens (in der Schöpfungsgeschichte
des Alten Testaments und im babylonischen Schöpfungsge-
dicht).

Die *Erschaffung des Menschen* geschieht durch eine Nach-
bildung der Gestalt Gottes. Dieser Mythos ist in den biblischen
Erzählungen sowie in der Religion einiger nordafrikanischer
Stämme vertreten.

Die Schöpfung kommt durch Selbstopferung oder Meta-
morphose zustande (Indonesien und pazifischer Raum). Die
gesamte Wirklichkeit läßt sich von den verschiedenen Körper-
teilen einer mythischen Wesenheit ableiten.

Die Schöpfung ist kein Akt eines höheren Wesens, sondern
die Tat eines Demiurgen, einer Nebenfigur, die sich oftmals im
Widerstreit mit dem höchsten Wesen befindet.

Die *Schöpfung als dualistisches Prinzip* (in der persischen
Tradition: die gute Schöpfung der Ahura Mazdah und die böse
Schöpfung der Angra Maingu). Dieses Thema hat in der Gnosis seinen Niederschlag gefunden: die Vorstellung, daß ein un-
heilvolles Wesen eine negative Wirklichkeit erschafft im Gegensatz zur perfekten göttlichen Welt.

Das Alte und das Neue Testament behalten beide das Prinzip von Gott als dem Erschaffer der Welt aus dem Nichts bei, ohne Vermittler. Diese Auffassung wurde von den Kirchenvätern gefestigt, als Gegensatz zu den kosmologischen Theorien, die einer monotheistischen Religion gegenüberstanden, sowie zu dem grundlegenden Pantheismus der Epikureer, der Stoiker, der Neuplatoniker und dem manichäischen Dualismus.

In der scholastischen Tradition kamen später Streitgespräche über die Frage der Ewigkeit oder der zeitlichen Begrenztheit der Schöpfung auf; der franziskanischen Schule zufolge wurde die Welt innerhalb der Zeit geschaffen, die Anhänger des lateinischen Averroismus vertreten die Auffassung, die Welt sei ab aeterno erschaffen worden.

Thomas von Aquin, Scotus und Ockham beschreiben eine dazwischenliegende Lösung. Da die Frage auf philosophischer Ebene nicht definierbar ist, besteht die Antwort auf der Ebene des Glaubens darin, anzunehmen, daß die Welt nicht ewig sei.

Emanation: die Vorstellung, daß die Schöpfung nicht aus dem Nichts hervorgegangen ist, sondern durch *Emanation.*

Diese Theorie wurde vom Idealismus der Romantik wiederaufgegriffen (Schelling): Die geschaffene Welt ist eine Äußerung Gottes, die zwar notwendig ist, aber ihrem Wesen nach göttlich.

In den mythologischen und philosophischen Schriften des alten Indien findet man eine weitere Auffassung der Schöpfung. Sie wird verstanden als

- Erzeugung
- Konstruktion eines Demiurgen
- Emanation
- magisches Werk

In der tantrischen Tradition (die sich neben der brahmanischen Orthodoxie in Indien herausgebildet hat) konzentriert sich der Kult hauptsächlich auf Shakti, den weiblichen Teil der Gottheit. Shakti ist mit Gott vereinigt und ist von ihm abhängig, ihr ist die Schöpfung anvertraut.

Gott hingegen wird als reines und unveränderliches Bewußtsein aufgefaßt. Shakti und der schöpferische Akt zeigen sich in der Form von Materie und Intelligenz.

Nostradamus

Als Ardenti seine Version des Welteroberungsplans der Templer darlegt, zitiert er eine Aussage von Nostradamus, der in einer seiner *Zenturien* die Flucht des Templers Jacques de Molay auf einem von zwei Ochsen gezogenen Heuwagen bezeugt, um sich dadurch der von Philipp dem Schönen angeordneten Verhaftung zu entziehen.

Casaubon bezweifelt allerdings, daß Nostradamus als eine zuverlässige Autorität in Sachen Geschichtsschreibung anzusehen ist. Wer ist Nostradamus? Nostradamus ist der latinisierte Name von Michel de Notredame, einem französischen Astrologen und Arzt, geboren in Rémy-de-Provence (1503–1566). Er war außerdem Alchimist, berühmt aber wurde er durch seine Prophezeiungen, die er in zwei Sammlungen, den sogenannten *Zenturien,* veröffentlicht hat. Die Zenturien wurden so genannt, weil sie in 100 vierzeiligen Strophen geschrieben waren.

Die erste Sammlung, die aus den *sieben Zenturien* besteht, stammt aus dem Jahr 1550; die zweite, weitaus größere Sammlung geht auf das Jahr 1566 zurück. Es folgten zahlreiche Ausgaben der *Zenturien,* auch solche mit zusätzlichen Fälschungen. Die rätselhaften Weissagungen des Nostradamus bezogen sich auf zukünftige Ereignisse bis zum Jahr 1797. Spätere Interpretationen haben die Weissagungen bis hin zum Zweiten Weltkrieg ausgeweitet.

Von diesen Interpretationen lassen sich auch heute noch Autoren populärer Handbücher inspirieren.

Agarttha

Saint-Yves d'Alveydre spricht in seiner *Mission de l'Inde en Europe* vom legendären unterirdischen Reich von Agartha (oder Agarttha Agarthi).

Diesem Buch zufolge werden Höhlen riesigen Ausmaßes, die unbekannt und nicht zugänglich sind, von einem geheimnisvollen Volk bewohnt.

Ihr Oberhaupt ist der ›König der Welt‹, die oberste Autorität aller unsichtbaren Gewalten, die die Welt regieren.

Die Vorstellung von der Existenz dunkler unterirdischer Mächte kommt in verschiedenen Kulturen vor.

Herodot und Strabo erwähnen sie. Spuren ihrer Existenz wurden in den unterirdischen Gewölben der Stadt Cuzco in Peru vermutet, in den Erdhöhlen der Apachen, in Polynesien, auf der Osterinsel, unter der Wüste Gobi, in Tibet, bei Akkra in Indien und in Kambodscha.

Von allen diesen ist Agarttha die berühmteste, als Hauptsitz des unterirdischen Reiches von Shamballa, das in Tibet vermutet wird.

›Agarttha‹ kommt aus dem Sanskrit und bedeutet ›unbezwingbar, unzugänglich, unverletzlich‹.

Auch Hitler war vom Geheimnis von Agarttha fasziniert. Er ließ alle deutschen Geheimgesellschaften auflösen und versuchte, mit dem König der Welt in Kontakt zu kommen. Deshalb entsandte er drei Expeditionen in den Himalaja, die aber alle aufgrund von Erschöpfung, Lawinen und der Unzugänglichkeit der Gipfel und der Gletscher mißglückten.

Aleister Crowley

In Kapitel 44 ist von Aleister Crowley die Rede, der 1904 das *Liber legis* veröffentlicht hat.

Die Getreuen des OTO (Ordo Templi Orientis) berufen sich auf den Text Crowleys. Aber im *Pendel* kann Professor Camestres hier eine geheime Verschwörung und falsche Interpretationen des Textes beweisen. Deshalb schlägt er Manuzio vor, das *Liber legis* in einer kritischen Neuausgabe neu herauszubringen, die er selbst betreuen würde.

Der Dichter Crowley war eine exzentrische Persönlichkeit. Luciana Restagno Picchio beschreibt ihn in einem Artikel, der am 9. und 10. April 1989 in *La Repubblica* anläßlich einer Fotoausstellung in Florenz zu Ehren des portugiesischen Dichters Fernando Pessoa veröffentlicht wurde:

»... am Abschluß des Werkes finden wir ein Bild des englischen Magiers Aleister Crowley, von dessen Gedichten Pessoa einige ins Portugiesische übertragen hat. Crowley war während eines Besuches in Portugal im Jahre 1934 in die Schlagzeilen geraten, als er in der Gegend um die Boca do Inferno in der Nähe von Cascais auf geheimnisvolle Weise verschwand. Obwohl er es doch selbst gewesen war, der ihm das Horoskop gestellt hatte, kann Pessoa dieses Ereignis kaum fassen.

Das Foucaultsche Pendel *von Umberto Eco ist, über seine scharfsinnigen und entmystifizierenden Intentionen hinaus und aufgrund der Fülle von esoterischen Kenntnissen, eine Art Glosse, in dem das Thema der Templer und des Schlosses von Tomar von der ersten bis zur letzten Seite mitklingt und in dem auch auf den Namen und die Person Crowleys Bezug genommen wird. Eine Glosse, in der der Autor jedoch vergeblich eine Spur des Templers, des Kabbalisten, des Rosenkreuzers und Esoterikers Fernando Pessoa selbst sucht.«*

Die Protokolle der Weisen von Zion

»Es handelt sich hier um eine gefälschte Schmähschrift, die einen angeblichen Verschwörungsplan der Juden zur Eroberung der Welt darstellen sollte. Die Protokolle der Weisen von Zion *wurden vermutlich Mitte des 19. Jahrhunderts verfaßt und anschließend zu Beginn des 20. Jahrhunderts in antisemitischen Kreisen in Rußland verbreitet; in der Folge wurden die* Protokolle *als offizielles Dokument des antisemitischen Nazismus aufgenommen. Daß es sich dabei um eine Fälschung handelt, liegt klar auf der Hand: Die* Protokolle *sollen einen uralten Plan des jüdischen Volkes darstellen, wobei der Text aber voller Hinweise auf die französische Politik des 19. Jahrhunderts ist. Dennoch wurden die* Protokolle *bei ihrem Erscheinen von vielen Mitgliedern liberaler Kreise für bare Münze genommen. Sogar die* Times *hat sie mit Sorgfalt rezensiert. Die Erfindung eines Welteroberungsplans ist in Ecos Buch aufgegriffen, wo Eco auf eine Art Glauben an die Macht über die Welt Bezug nimmt und zitiert, aber dabei die* Protokolle *als Vorbild nimmt. Es ist sicherlich kein Zufall, daß die ›Diaboliker‹ immer als Konservative in unterschiedlichen Schattierungen oder sogar direkt als Nazisten beschrieben werden. Die Suche nach der Macht der Welt ist somit nichts anderes als ein Hinweis auf die Neuorganisierung einer zeitgenössischen neuen Rechten mit esoterischen Mitteln.«*

(Omar Calabrese, in *Panorama* vom 2. Oktober 1988)

Offizielles Emblem
der Prioraten von Zion

Daß ich Lia bin

> »Ein jeder, der mich fragt nach meinem Namen,
> Soll wissen, daß ich Lia bin und gehe,
> Mit schönen Händen einen Kranz zu flechten.

Das ist die Überschrift des 35. Kapitels, in dem Lia Casaubon mitteilt, daß sie schwanger ist.

Im *27. Gesang des Fegefeuers* beschreibt Dante in der *Göttlichen Komödie* den siebten Kreis, in dem sich die heiligen Seelen befinden, um nach ihrer Läuterung und dem Überschreiten der Feuerkreise zur ewigen Glückseligkeit zu gelangen.

Ursprünglich ist das Feuer die spezifische Strafe für die Unzüchtigen. In diesem Zusammenhang erlangt es jedoch eine weitere rituelle Bedeutung, sozusagen die symbolische Verdichtung jeglichen Reinigungsprozesses der erwählten Seelen.

Namenverzeichnis

Kurze Angaben zu den weniger bekannten Personen und Autoren, die im Roman genannt werden. Anhang zu den Informationsblättern.

Abaelard, Pierre (1079–1142)
Französischer Philosoph und Theologe. Bekannt durch seine unglückliche Liebe zu Héloise. Werke: *De unitate et trinitate divina* (Abhandlung über die Dreifaltigkeit), *Theologia Christiana, Briefe.*

Abulafia, Abraham
(1240–1294)
Spanischer Kabbalist und Autor von Handbüchern, in denen er die von ihm erdachte Meditations- und Interpretationstechnik für die Schriften beschreibt.

Adam, Jean-Pierre
Zeitgenössischer französischer Architekt, der sich mit dem Altertum beschäftigt. Verfasser des Werkes *Die Baukunst der Römer.*

Adam Kadmon
Adam Kadmon ist der ›ursprüngliche‹ Adam, von dem der irdische Adam eine bloße Nachbildung darstellt. Sein Körper symbolisiert den Sefiroth-Baum.

Adramelech
Assyrische Gottheit, der Kinder als Opfergabe dargebracht wurden.

Aga Khan
Religiöses Oberhaupt der Ismaeliten.

Ahasver
Der ewige Jude, Symbol der Diaspora.

Akiba, Ben Joseph
Rabbiner aus dem 1.–2. Jahrhundert n. Chr., der sich am Aufstand der Juden beteiligte und auf Befehl Kaiser Hadrians gefangengenommen und hingerichtet wurde.

Alciato, Andrea (1492–1550)
Jurist und Humanist. Verfasser der Werke *Annotationes in tres posteriores libros codicis Justiniani* (Kommentar zu den Gesetzbüchern des römischen Kaisers Justinian) und *Emblemata* (Sammlung von in lateinischen Versen geschriebenen Aphorismen).

Alkuin von York (730–804)
Englischer Mönch und Begründer der *Schola Palatina* (Pfalzschule) am Hofe Karls des Großen.

Alhazen, Abu Ali
Arabischer Physiker und Mathematiker des 11. Jhrs.

Ali
Gestorben im Jahre 661 im Alter von ungefähr 60 Jahren. Neffe und Schwiegersohn Mohammeds, mit dessen Tochter Fatima er verheiratet war. Er

wird von den Schiiten als erster Imam angesehen.

Amado, Jorge (geb. 1912)
Brasilianischer Schriftsteller und Autor folgender Romane: *Dona Flor und ihre zwei Ehemänner* (dieser Roman wurde auch verfilmt), *Das Land des Karnevals, Tote See, Gabriela wie Zimt und Nelken.*

Andreae, Johann Valentin (1586–1654)
Deutscher Theologe, der die Rosenkreuzer-Manifeste von 1614 verfaßt haben soll *(Fama fraternitatis).*

Apuleius, Lucius (125–180)
Römischer Schriftsteller aus Madaura in Afrika. Er wurde wegen Hexerei angeklagt und freigesprochen. Verfaßte eine Verteidigungsschrift mit dem Titel *Apologie.* Autor des Werkes *Der goldene Esel.*

Arcimboldi, Giuseppe (1527–1593)
Italienischer Maler.

Aristarchos von Samos
Griechischer Philosoph und Wissenschaftler aus dem 4. Jahrhundert v. Chr., der bereits die Ansicht vertrat, daß die Erde um die Sonne kreise.

Aristides (540–468 v. Chr.)
Athenischer Staatsmann und Feldherr.

Aristides, Publius Aelius (129 oder 117–189 n. Chr.)
Griechischer Rhetor.

Aristides von Milet
Griechischer Schriftsteller aus dem 2. Jahrhundert v. Chr., Verfasser der *Milesischen Geschichten.*

Aristoxenos
Griechischer Philosoph und Musiktheoretiker aus dem 4. Jahrhundert v. Chr., Schüler des Aristoteles.

Aron
Älterer Bruder des Moses, dem das Gelobte Land jedoch verwehrt blieb, da es ihm nicht gelang, während Moses' Abwesenheit den Götzendienst des Volkes zu unterbinden.

Arthephius
Arabischer Philosoph aus dem 12. Jahrhundert, der sich mit dem Hermetismus beschäftigte.

Artois, Robert de (1216–1250)
Bruder des französischen Königs Ludwig des IX. Er nahm an den Kreuzzügen teil und starb während einer Schlacht.

Ashmole, Elias
Englischer Alchimist des 17. Jahrhunderts, der eine der ersten freimaurerischen Vereinigungen gründete.

Babbage, Charles (1792–1871)
Englischer Physiker und Mathematiker, Erfinder des mechanischen mathematischen Berechnungsverfahrens.

Baffo, Giorgio (1694–1768)
Venezianischer Staatsmann

und Dichter, Verfasser von zahlreichen frivolen Sonetten.

Barruel, Auguste (1741–1820)
Französischer Jesuit und Gegner der Freimaurer. Er sah in der Französischen Revolution ein von den Freimaurern angezetteltes Komplott.

Beaujeu
Der Graf von Beaujeu war der letzte Großmeister des Templerordens.

Biot, Jean Baptiste
(1774–1862)
Französischer Mathematiker und Physiker, entdeckte zusammen mit Félix Savart ein wichtiges elektromagnetisches Gesetz.

Blavatsky, Helena Petrovna
(1832–1891)
Befaßte sich mit dem Okkultismus und schrieb das Buch *Die entschleierte Isis.*

Böhme, Jakob (1575–1624)
Deutscher Theologe und Mystiker

Bouguer, Pierre (1698–1758)
Französischer Physiker. Er erfand das Heliometer, ein in der Astronomie verwendetes Meßinstrument.

Branca, Giovanni (1457–1521)
Ingenieur und Architekt, verfaßte eine Abhandlung mit dem Titel *Maschinen.*

Brant, Sebastian (1457–1521)
Deutscher Schriftsteller; er schrieb *Das Narrenschiff,* ein

Gedicht über die menschliche Dummheit.

Bulwer-Lytton, Edward George (1803–1873)
Englischer Politiker und Schriftsteller, schrieb unter anderem einen Roman über die Rosenkreuzer *(Zanoni).*

Burnet, Thomas (1635–1715)
Sekretär des englischen Königs Wilhelm III. In seinem Werk *Telluris theoria sacra* schildert er seine Hypothese über die Struktur der Erde.

Burton, Robert (1577–1640)
Englischer Schriftsteller, der in seinem Werk *Anatomie der Melancholie* einige Aspekte der menschlichen Psyche untersucht.

Calzabigi, Ranieri de
(1714–1796)
Italienischer Dichter, der auch Opernlibretti verfaßte. Er kannte Casanova und war ein Freund Pietro Metastasios.

Cardano, Gerolamo
(1501–1576)
Renaissancegelehrter, der sich dem Studium der Algebra, der Medizin, des Okkultismus und der Physik widmete. Er entwickelte eine nach ihm benannte Aufhängevorrichtung, das Kardangelenk. Die Inquisition zwang ihn dazu, seine Veröffentlichungen und seine Lehre zu widerrufen.

Cazotte, Jacques (1719–1792)
Französischer Schriftsteller mit

Neigung zum Geheimnisvollen und Übersinnlichen. Er starb während der Französischen Revolution auf der Guillotine.

Cioran, Emile (geb. 1911)
Zeitgenössischer französischer Schriftsteller und Philosoph rumänischen Ursprungs. Seine Werke, in denen eine ›dekadente‹ und nonkonformistische Haltung beschrieben wird, wirken häufig provokativ.

de Caus, Salomon
Französischer Architekt des 17. Jahrhunderts, der auch als Musikwissenschaftler und Ingenieur tätig war. Er stattete das Heidelberger Schloß mit symbolträchtigen und geheimnisvollen Bauten aus.

Dei, Noffo
Im Prozeß, den König Philipp der Schöne gegen die Templer angestrengt hatte, trat er als Zeuge auf und beschuldigte Giscard, Bischof von Troyes und Großmeister des Templerordens, zu Unrecht der Gottlosigkeit und Zauberei. Dei wurde jedoch später wegen seiner Falschaussage zum Tode verurteilt.

de Maistre, Joseph
(1753–1821)
Von Jesuiten erzogen, wurde Joseph de Maistre Diplomat und Sonderbevollmächtigter des Hauses Savoyen in Rußland und schloß sich den Freimaurern an. Mit seinen Schriften schuf er die wesentlichen theoretischen und ideologischen Grundlagen für die Restauration.

Echnaton
Ägyptischer Pharao (1353 bis 1335 v. Chr.), Vater des Tutenchamun, der den monotheistischen Kult des Sonnengottes Ra favorisierte.

d'Espagnet, Jean
Französischer Gelehrter des 17. Jahrhunderts, der sich mit Okkultismus und den hermetischen Wissenschaften befaßte. Er verfaßte die Abhandlung *Enchiridion physicae restitutae* und beschrieb unter anderem die Methode zur Herstellung des ›Steins der Weisen‹.

Fabre d'Olivet, Antoine
(1768–1825)
Französischer Arzt und Schriftsteller, der sich mit dem Okkultismus befaßte. Er begründete die Wissenschaft der Psychurgie, deren Ziel es war, die geistige Energie des Menschen in vollem Umfang zu nutzen.

Ficino, Marsilio (1433–1499)
Schriftsteller und Gelehrter aus der Toskana. Ficino übertrug die griechische Version des *Corpus Hermeticum* ins Lateinische, die Hermes Trismegistos zugeschrieben wurde.

Foucault, Jean Bernard Léon
(1819–1868)
Französischer Physiker, dem es mit dem Pendel-Experiment

gelang, die Rotation der Erde zu beweisen. Das Pendel und das Gyroskop wurden vom französischen Ingenieur Gustave Froment gebaut.

Gaunilone
Französischer Benediktinermönch im 11. Jahrhundert. Im *Liber pro insipiente* bestritt er die Richtigkeit des von St. Anselm aufgestellten ontologischen Gottesbeweises.

Guénon, René (1886–1951)
Französischer Wissenschaftler und Philosoph, der sich mit dem Studium der Hermetik und der Gnosis befaßte. Er beschäftigte sich außerdem mit den östlichen Kulturen und dem Sufismus. Nach einer Reise nach Kairo konvertierte er zum Islam. Seine bedeutendsten esoterischen Werke sind *Le roi du monde, La grande triade* und *Le royaume de la quantité et les signes du temps.*

Haussmann, George-Eugène (1809–1891)
Französischer Politiker. Er änderte das Stadtbild von Paris, indem er aus Gründen der öffentlichen Ordnung einen Plan zur Regulierung der Straßen verfügte.

Isaak der Blinde
Kabbalist im 13. Jahrhundert, der als der Vater der Kabbala verehrt wird. Isaak der Blinde lehrte in der Provence; von dort aus breitete sich sein Denken aus, vor allem in Spanien.

Joinville, Jean de (1224–1319)
Französischer Historiker, der dem Kreuzzug Ludwigs IX. gefolgt war und die Ereignisse während dieses Kreuzzuges niedergeschrieben hat *(Histoire de St. Louis).* Jean de Joinville diente ebenfalls am Hofe Philipps des Schönen.

Kardec, Alain (1804–1869)
Pseudonym für Hippolyte Léon Denizard Rivail, den Gründer des modernen Spiritismus. Er ist Autor des *Livre des esprits,* in dem er die These aufstellt, daß die Evolution des Geistes durch eine Folge von Reinkarnationen zustande kommt.

Knorr, Rosenroth Christian von (1636–1689)
Er hat die ältesten Fragmente des Buches *Sohar* ins Lateinische übertragen *(Kabbala denudata).*

Korzybski, Alfred (1879–1950)
Polnischer Philosoph. Aus rassischen Gründen ging er im Jahr 1938 in die Vereinigten Staaten, wo er Vorsitzender des *Institute of General Semantics of Chicago* wurde. Sein bekanntestes Werk ist *Science and Sanity.*

Le Forestier, René (1868–1951)
Franzose, der sich mit Okkultismus und Freimaurerei befaßte. Verfasser von *L'occultisme et la francmaconnerie écossaise* und *La francmaconnerie*

templière et occultiste aux XVIIIe et XIXe siècles.

Levi, Eliphas (1810–1875)
Pseudonym für Alphonse-Louis Constant. Er wurde in Paris geboren und nahm später an der Revolution von 1848 teil. Er befaßte sich mit Esoterik, Okkultismus und der Kabbala. Verfasser der *Histoire de la magie.*

Liceti, Fortunio (1577–1657)
Professor der Philosophie, Gelehrter der Medizin. Unter anderem schrieb er ein Buch über eigenartige Phänomene, *De monstris.*

Mesmer, Franz Friedrich Anton (1734–1815)
Deutscher Philosoph und Arzt. Gründer des Mesmerismus, einer Heilmethode, die auf dem sogenannten ›animalischen Magnetismus‹ beruht.

Nizamu'l-Mulk
Persischer Staatsmann im 11. Jahrhundert, der 1092 von einem Anhänger der Sekte der Assassinen ermordet wurde. Er verfaßte die *Abhandlung über das Regierungsamt.*

Nogaret, Guillaume de (1260–1313)
Er hielt, zusammen mit Sciarra Colonna, Papst Bonifaz VIII. (der mit Philipp dem Schönen im Streit lag) für einige Tage in Anagni gefangen (1303). Der Papst starb einige Tage nach seiner Freilassung.

Ossendowski, Ferdinand Antoni (1878–1945)
Polnischer Schriftsteller, aus dessen Werk *(Beasts, Men and Gods)* Eco das Zitat zu Beginn von Kapitel 81 in seinen Roman übernommen hat. Ossendowski setzt sich in seinen Schriften hauptsächlich mit seinen Reisen nach Sibirien und in den Fernen Osten auseinander.

Papus (1865–1916)
Pseudonym für Gérard Encause. Spanischer Arzt, der sich mit dem Studium der okkultistischen Medizin befaßte sowie mit Tarot und der Kabbala. In seinem Buch *La sciencia de los magos* vertritt er die These, daß im Menschen drei verschiedene Körper existieren (physikalischer Körper, Astralleib und Geist). Am Hofe des Zaren Nikolaus II. befand er sich im Wettstreit mit Rasputin.

Péladan, Josephin (1859–1918)
Französischer Schriftsteller, Rosenkreuzer und Gründer des Ordens der *Rose-Croix Catholique du Temple et du Graal.* Er versuchte, in einem zusammenhängenden ideologischen System katholische, esoterische und kabbalistische Elemente zu vereinigen.

Pernety (1716–1796)
Benediktinermönch und Alchimist. Pernety nahm an der Expedition teil, bei der die Falkland-Inseln entdeckt wurden.

Später wechselte er zu den Freimaurern, verließ den Mönchsorden und gründete eine Gemeinschaft, die sich ›Der Tempel von Tabor‹ nannte.

Rosencreutz, Christian

Deutscher Ritter, der in der Zeit zwischen dem 14. und 15. Jahrhundert lebte. Er war der Gründer der Geheimgesellschaft der Rosenkreuzer. Während seiner Reisen nach Afrika, in die Türkei und nach Arabien studierte er die Alchimie, die Kabbala und die Theosophie. In seinem Werk *Die Chymische Hochzeit des Christiani Rosencreutz* stellt Valentin Andreae die These auf, daß der Gründer dieser Sekte den Stein der Weisen gefunden habe. Die Lehre des Christian Rosencreutz wurde im Jahr 1614 durch den berühmt gewordenen Text *Fama fraternitatis* verbreitet.

Rupescissa, Johannes de

Französischer Alchimist im 14. Jahrhundert. Sein wahrer Name war Jean de Roquetaillade. Er verfaßte eine Abhandlung zur Herstellung des Steins der Weisen sowie den *Traité de la Quintessence,* eine Abhandlung, in der alchimistische Verfahren beschrieben sind.

Sa'adji Ben Joseph (882–942)

Jüdischer Philosoph und Dichter aus Babylon. Er ist der Verfasser der ersten jüdischen Abhandlung der rationalen Theologie: *Glaubensatzungen und Meinungen.*

Sabine, Edward (1788–1883)

Englischer Forschungsreisender italienischer Herkunft. Während seiner Expeditionen zum Nordpol in den Jahren 1818/19 untersuchte er das Phänomen des Erdmagnetismus.

Saint-Martin, Louis Claude de (1743–1803)

Französischer Jurist und Militär. Er befaßte sich mit der Theosophie und war ein Schüler von Martines de Pasqually, von dem er sich in zunehmendem Maße distanzierte, indem er eine eigene Theorie der inneren Suche nach dem Geist aufstellte.

Saint-Yves d'Alveydre (1842–1909)

Französischer Schriftsteller, der sich mit dem Okkultismus beschäftigte. Er war ein Verfechter der *Synarchie,* einer wissenschaftlichen Zentralgewalt, und Autor der *Mission de l'Inde en Europe* (s. Informationsblätter).

Sebottendorff, Rudolf (1875–1945)

Sein eigentlicher Name lautet Rudolf Glauer; er war der Sohn eines Eisenbahnangestellten und wurde von Baron Heinrich von Sebottendorff adoptiert. In Konstantinopel kam er mit dem islamischen Sufismus in Berührung und widmete sich daraufhin dem Studium des Okkultismus, der Astrologie, der Kabbala und der Alchimie. 1918 gründete er in Deutschland die *Thule-Gesellschaft,* die als das okkultistische Zentrum des Nazismus angesehen wird.

Swedenborg, Immanuel
(1688–1772)
Schwedischer Philosoph.
Während seines ganzen Lebens hatte er *Visionen,* die ihm *ekstatische Reisen* im gesamten Sonnensystem, im Himmel und auf der Erde ermöglichten. Die Freimaurer, die von seinen Visionen beeinflußt waren, waren Anhänger des sogenannten *Swedenborg-Ritus.*

Symmes, John Cleves
(1720–1829)
Englischer Offizier und Gelehrter der Astronomie, Verfechter der These, daß die Erde innen hohl sei und konzentrische Sphären enthalte. Einer seiner Schüler veröffentlichte 1926 ein Buch mit dem Titel *Die Theorie der konzentrischen Sphären von Symmes.*

Trithemius (1464–1516)
Pseudonym des deutschen Be-nediktinermönchs Johannes von Heidenberg. Trithemius war Abt und Geschichtsgelehrter, Verfasser des Werkes *Steganographia,* das die Methode zu einer verschlüsselten Schrift und eine Studie der von der Kabbala inspirierten Numerologie enthält.

Weishaupt, Adam (1748–1830)
Deutscher Jurist. Weishaupt war antiklerikal eingestellt und unterstützte die Anarchisten; er war Gelehrter der Esoterik. In Bayern gründete er den Orden der *Illuminati,* um der Macht der Jesuiten entgegenzuwirken. Der König von Bayern schickte ihn ins Exil.

Willermoz, Jean-Baptiste
(1730–1824)
Gründer einer Gruppe im Jahr 1744 in Lyon, die den strenggläubigen deutschen Templern angeschlossen war. Die Jünger dieser Gruppe versuchten, durch Hypnose mit dem Jenseits Kontakte herzustellen.

Wolfram von Eschenbach
(1170–1220)
Deutscher Minnesänger, der Autor des *Parzival.*

VI.
Das Spiel

Das Spiel mit dem *Pendel*

Im Vorwort zu dem Buch *I Draghi Iocopei* des italienischen Schriftstellers Ersilia Zamponi schreibt Umberto Eco: *»Worte können oft mehr sagen, als es scheint«,* mit Hilfe des Spiels könne man die *»doppeldeutige und gewaltige Macht der Sprache und mit der Sprache das Labyrinth des Bewußtseins erforschen«.*

Wir wissen, wie sehr sich Eco für das Spielen interessiert und wie gern er selbst spielt. Die italienischen Leser denken dabei sofort an Ecos wöchentlich unter dem Titel *La bustina di Minerva* erschienene Rubrik im italienischen Nachrichtenmagazin *Espresso.*

Auch das *Pendel* ist eine Art großes Gesellschaftsspiel, an dem Autor, Romanfiguren und Leser gemeinsam teilnehmen.

Wir finden, daß es für dieses Buch eigentlich keinen besseren Schluß geben kann als die Anregung, mit den Worten und Zahlen des *Pendels* zu spielen. Wir können hier nur einige Beispiele nennen und verstehen unsere Vorschläge als Aufforderung an die Leser, neue Spiele zu erfinden, mit denen man sich nicht nur amüsieren, sondern durch Zerlegen und erneutes Zusammensetzen von Worten und Zahlen das Labyrinth des Komplotts besser verstehen und gründlicher erforschen kann.

Arsenic

194

Anagramme

Das Prinzip des Anagramms ist relativ einfach. Aus den Buchstaben eines Wortes oder Satzes werden Wörter oder Sätze gebildet, die einen neuen Sinn ergeben. Aus den Buchstaben des italienischen Wortes.

REALTÀ (REALITÄT)

ergibt sich zum Beispiel folgendes Anagramm:

ALTARE (ALTAR)

Da damit das Ziel erreicht ist, könnte das Spiel an diesem Punkt eigentlich enden. Der Reiz von Anagrammen und Spielen im allgemeinen liegt jedoch nicht so sehr – oder nicht nur – in der *Suche* nach der Lösung, sondern vielmehr in deren *Bedeutung*. Noch besser ist es, wenn die Suche zu einer Lösung führt, deren Bedeutung in gewisser Weise bereits vorgegeben war und nicht nur rein zufällig entstanden ist.

Vielleicht kann man auch in jeder Lösung eine besondere Bedeutung entdecken, wenn man von den darin enthaltenen Bezügen, Gegensätzen usw. ausgeht.

Im oben genannten Beispiel könnte das Anagramm *realtà/altare* (Realität/Altar) das Stichwort für angeregte Diskussionen sein zwischen den Anhängern einer religiösen Anschauung, für die sich die Gleichung Altar = Realität vor allem aus der Präsenz Gottes in der im Tabernakel über dem Altar aufbewahrten Hostie ergibt, und denjenigen, die die Ansicht vertreten, daß Religion eine Phase der Unreife der Menschheit darstellt, für die *Altar* folglich das Gegenteil und in diesem Sinne die Negation der Realität bedeutet. Durch diese Überlegungen möchten wir unsere Leser dazu anregen, selbst mit den Wörtern und Zahlen des *Pendels* zu spielen, und dabei je nach Wunsch alle oder auch nur einige Bedeutungsebenen mit einzubeziehen. Die Beispiele, die wir auf den nächsten Seiten anführen, sollen nur eine Art Wegweiser sein, der Sie bei Ihrer eigenen Suche nach noch vergnüglicheren und bedeutungsvolleren Kombinationen begleitet.

Wer ist Umberto Eco?

Bei jedem der hier vorgestellten Anagramme ist die Ausgangsüberlegung gewesen, daß das Anagramm in irgendeiner Weise einen Bezug zum Werk Umberto Ecos erkennen lassen sollte. Dabei schien es unumgänglich, zuallererst nach den möglichen Bedeutungen zu suchen, die sich hinter seinem Namen verbergen.

Das Ergebnis dieser Überlegungen waren fünf Anagramme in lateinischer Sprache.

Die Wahl der Sprache war dabei spontan und scheinbar auch zufällig. Hier nun das Resultat:

UMBERTO ECO {
1. TECUM REBOO
2. EC ORBE MUTO
3. CUBO REMOTE
4. BEO ET ORCUM
5. CETERUM BOO

Übersetzungen und Interpretationsvorschläge:

1. *Du klingst mir in den Ohren:* Durch die Lektüre des *Pendels* oder des *Namens der Rose* wird ein Widerhall oder ein ›Nachklingen‹ von Neugier, Erinnerungen sowie ein (assoziatives) Aneinanderreihen von Gedanken und Gefühlen erzeugt. Der Nachklang können aber auch Schmähworte sein, da der Leser erst mit einigen Schwierigkeiten zu kämpfen hat, die es zu überwinden gilt, will er an der Lektüre von Ecos neueren Romanen Genuß finden.

2. Die Übersetzung und folglich auch die jeweilige Interpretation dieses Anagramms fallen unterschiedlich aus:
   a) *Aus der stummen (schweigenden) Welt.* Ein großer Teil des *Pendels* läßt Ableitungen aus der Welt des Okkulten erkennen. Andererseits ist es jedoch ebenfalls eine Tatsache, daß Ecos Romane sich grundlegend von der Produktion narrativer Texte unterscheiden, die sich heutzutage eingebürgert hat ...
   b) *Aus dem stillen Himmel:* Bei Vergil und Horaz ist der Begriff *orbis* auch in der Bedeutung von *Himmel* belegt.
   c) *Der Phallus, der sich von der Erde (oder aus dem Himmel) [erhebt]:* Muto hat tatsächlich die Bedeutung des männli-

196

chen Glieds, das, wie Lia im Roman sagt, für das Leben steht. Könnte dies auch im symbolischen Sinn verstanden werden, indem Ecos Werk aus einer *horizontalen* Welt herausragt?

Es sei der Phantasie des Lesers überlassen, weitere Interpretationen zu entdecken. Der Leser sei lediglich noch daran erinnert, daß *orbis* auch die Bedeutung von *Kreis, Scheibe, Erde, Land, Gegend, Reich, Tafel, Spiegel, Schild* etc. tragen kann.

3. *Ich ruhe weit entfernt:* Dies scheint mit ein unbestreitbares Recht sowohl des Autors als auch des Lesers zu sein.

4. *Ich erheitere (oder bereichere) sogar den Orkus (das Reich der Toten):* Wer könnte uns dies bestätigen?

5. *Und immer noch ein Widerhall:* Und wer könnte dies bestreiten? Neben den lobenden Urteilen hat das *Pendel* viel Kritik, niederschmetternde Urteile und Verrisse hervorgerufen, eine Erscheinung, die bei jedem öffentlichen Auftreten Umberto Ecos beobachtet werden kann.

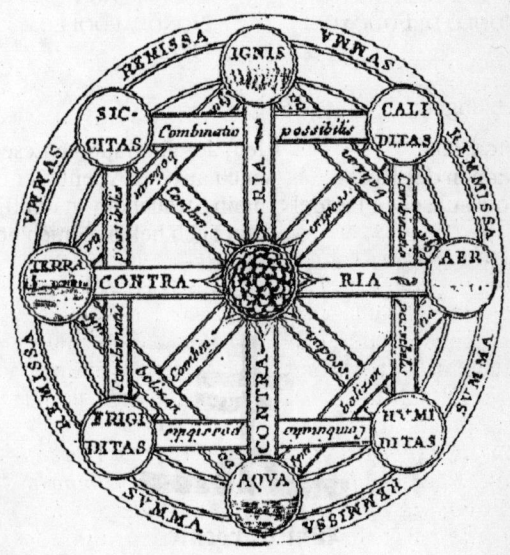

Warnung an den Leser

(die Citati gefallen würde)

Sicherlich haben viele Leser des ersten Romans von Umberto Eco, dem *Der Name der Rose,* eine ähnliche Erfahrung gemacht, als sie die Lektüre des *Pendels* in Angriff nahmen, voller Vertrauen und gestützt vom Bewußtsein, in ein weiteres, in flüssigem Stil gehaltenes Buch einzutauchen, das ihnen, wenngleich es auch nicht ganz einfach zu lesen sein würde, doch ein ähnliches Lesevergnügen bieten würde.

Oftmals war dies jedoch nicht der Fall. Viele mußten von ihrem Vorhaben ablassen, viele andere haben heroisch die restlichen 500 Seiten durchgehalten, wobei sie manchmal verärgert reagierten und andere Male ermüdeten.

Immerhin gab es aber eine deutliche Warnung, wie sich aus folgendem Anagramm entnehmen läßt:

italienisch   *lateinisch*

	FIDO ALEA
UMBERTO ECO:	CREDULUS LECTOR:
DAL NOME DELLA ROSA	PALAM LABO
AL PENDOLO DI FOUCAULT	NONDUM DOLEO
	OTE!

Übersetzungen:

Umberto Eco:
Vom Namen der Rose
Zum Foucaultschen Pendel

Ich, der gutgläubige Leser, lasse mich auf das Abenteuer ein: mein Straucheln ist deutlich, [aber]ich beklage mich noch nicht.
Ach du Tor!

𝔚𝔥𝔦𝔱𝔢 𝔞𝔯𝔰𝔢𝔫𝔦𝔠

Auslese

Das Spiel der Auslese besteht aus der paarweisen Eliminierung von gleichen Buchstaben in Gruppen von zwei oder mehreren Wörtern. Aus den verbleibenden Buchstaben werden neue Wörter oder Sätze mit eigenem Sinn gebildet.

Entfernt man zum Beispiel aus dem Wortpaar

RAGNO (SPINNE)
NODO (KNOTEN)

paarweise die darin vorkommenden gleichen Buchstaben, d. h. in diesem Fall **N** und **O** (Achtung: ein O bleibt bestehen und wird wieder benutzt), so erhält man die Buchstabenfolge **RAGOD**, aus der man folgendes Wort bilden kann:

DRAGO (DRACHE)

Wie man sieht, liegt auch bei diesem Spiel der größte Reiz in der Verbindung zwischen dem ursprünglichen Wortpaar und dem Ergebnis (aufgrund von Bedeutung, Bezügen, Widersprüchen usw.).

Aquafortis

Das teuflische Bündnis

Zwischen Garamond und Agliè besteht eine geheime Vereinbarung. Beide tragen zu Belbos Verderben bei: Agliè, indem er die Falle im Zug ersinnt, und Garamond (der einzige, der noch da ist, als Belbo Hilfe benötigt), indem er Belbo dazu überredet, nach Paris zu fahren, und die anderen an der Verschwörung Beteiligten darüber informiert.Wendet man das Ausleseverfahren auf diese beiden Namen an, so ergeben sich daraus tatsächlich neue Begriffe, die das hinterhältige Vorgehen bestätigen.

GARAMOND
AGLIÈ

Die zu eliminierenden Buchstaben sind **G und A.**
Es bleibt folgende Buchstabenreihe übrig:

RMONDALIE

aus der sich zwei Wortfolgen bilden lassen:

1. MANI LORDE (SCHMUTZIGE HÄNDE)

Sowohl Garamond als auch Agliè gehen so weit, daß sie sich mit dem Blut von Belbo und Lorenza besudeln.

2. MENI L'ORDA (DU FÜHRST DIE HORDE)

Dies bezieht sich ausdrücklich auf die Schar der Diaboliker, die zuerst durch das Hermes-Projekt angelockt werden (Buchreihe über okkulte Wissenschaften) und sich dann nachts im Conservatoire des Arts et Métiers versammeln.

Brimstone

Dreifache diabolische Auslese

Obwohl sich Agliè und Salon nie oder nur selten begegnen und erst zum Schluß der Versammlung aller Diaboliker wieder aufeinandertreffen, handeln beide heimtückisch gegen die drei nach der Geschichte der Templer forschenden Lektoren, indem sie diese immer wieder auf Lösungen und Interpretationsmöglichkeiten hinweisen.

Agliè und Salon verkörpern die Versuchung, wobei ihr Ziel darin liegt, das Geheimnis des Wissens zu entdecken, das ihnen die Macht über die Welt verleihen soll. Zum gleichen Ergebnis gelangt man mit dem dreifachen Ausleseverfahren, in dem die erste Gruppe aus den Namen der beiden Personen besteht. In der zweiten Gruppe wird Agliè mit Moloch in Verbindung gebracht, dem Fürsten des Landes der Tränen und Mitglied des Höllenrates. Die dritte Gruppe stellt Salon neben Eurimonius, der sich von Aas und Leichen ernährt. (Erinnert das nicht an Salon, den Tierkörperpräparator?)

Gruppen	Auslese	Rest	Ergebnisse
AGLIÈ SALON	A – L	GIESON	GNOSI E
AGLIÈ MOLOCH	L – O	AGIEMCH	MAGICHE
SALON EURIMONIO	N – I – O	SALOEURM	O L'ESUMAR

(Achtung: Das E, das in der 1. Gruppe übrigbleibt, wird benutzt, um das Ergebnis der 3. Gruppe zu vervollständigen.)

Im Ergebnis dieser dreifachen diabolischen Auslese kann man den dringenden *Wunsch* Salons und Agliès erkennen, das Geheimnis zu erfahren. Es kann jedoch auch die Furcht vor den schrecklichen Folgen ausdrücken, die die Suche im Verborgenen nach sich ziehen kann. Hier der Lösungstext:

O, L'ESUMARE MAGICHE GNOSI
(OH, LASST UNS DIE MAGISCHE GNOSIS
WIEDERERWECKEN)

Metagramme

Ein *Metagramm* ist die *Umwandlung* eines Wortes in ein anderes bei gleichbleibender Wortlänge.

Die Umwandlung erfolgt mittels mehrerer *Übergänge*.

Ein Übergang wird hergestellt, indem man jeweils einen einzigen Buchstaben des vorhergehenden Wortes im folgenden Wort austauscht.

Es kommt auch darauf an, die Umwandlung in möglichst wenigen Schritten durchzuführen.

Beispiel:

CASA	–	SOLE
Haus		Sonne

CASA	–	CALA	–	SALA	–	SALE	–	SOLE
Haus		kleine		Saal		Salz		Sonne
		Bucht						

Alkali

202

Belbo – Agliè

Der Name ›Belbo‹ besteht nicht zufällig aus fünf Buchstaben, ebenso wie ›Agliè‹.

Beide beeinflussen die Handlungen des jeweils anderen. Belbo will sich an Agliè rächen, indem er ihn glauben macht, im Besitz der geheimen Karte zu sein. Agliè nimmt Belbo gefangen, weil er das Geheimnis erfahren will, schickt ihn in den Tod und setzt seine Suche auf der von Belbo gelegten falschen Spur fort. Der Übergang von Belbo zu Agliè erfolgt nach dem Prinzip des Metagramms:

BELBO		**PARTI**	(Teile)	**FIATO**	(Atem)
BEMBO	(1)	PARTE	(Teil)	FLATO	(11)
BIMBO	(Kind)	CARTE	(Karte)	ALATO	(beflügelt)
BOMBO	(2)	CORTE	(Hof)	ALATA	(Flügelschlag)
BOMBE	(Bomben)	CORTA	(kurz)	AGATA	(Achat)
TOMBE	(Gräber)	COLTA	(gebildet)	AGITA	(aufwiegeln)
TORBE	(3)	COLLA	(Leim)	AGIRA	(12)
SORBE	(4)	COALA	(6)	A GINA	(Gina)
SORDE	(taub)	COANA	(7)	AGI NO	(Agi, nein danke)
SORTE	(Schicksal)	CIANA	(8)	AGI IO	(Ich, Agi)
SORTÌ	(5)	CIANO	(9)	AGLIO	(Knoblauch)
SARTI	(Schneider)	CIATO	(10)	**AGLIÈ**	

1. Pietro Bembo (1470–1547)
2. Rimbombo (Dröhen, Hallen)
3. Plural von *torba:* Torf
4. Vogelbeere
5. *Uscì* (Er ging hinaus)
6. Koalabär
7. Öffnung in der Mundhöhle
8. Frau des niederen Volkes
9. Kornblume
10. Kleiner Behälter
11. Blähung
12. Dorf in Sizilien

Lead

Zahlen

Mit Zahlen kann man spielen, das heißt: »*mit den Zahlen kann man machen, was man will*«, wie Agliè behauptet.

Im Roman ist oft von der Zahlensymbolik die Rede, da »*die Lektüre der Zahl und ihre symbolische Deutung ein privilegierter Weg zur Erkenntnis sind*«.

Enthält Ecos Roman Zahlen von symbolischer Bedeutung?

Geht man von der Einteilung der Abschnitte aus, so scheint dies tatsächlich der Fall zu sein. Die Frage ist, ob es sich nur um einen Zufall handelt oder ob uns der Autor mit Absicht einen versteckten Hinweis gegeben hat, der uns zur genaueren Erforschung seines Buches einladen soll.

Diese Frage kann nur Eco selbst beantworten, falls ihn die Zahlenkoinzidenzen in seinem Buch, von denen wir hier einige nennen wollen, nicht ebenso verblüffen wie uns.

Antimony

204

Grundlegende Zahlensymbolik des Buches

Wenn man ein Buch zum erstenmal aufschlägt und sich beim Durchblättern einen kurzen Überblick verschaffen will, schaut man für gewöhnlich ins Inhaltsverzeichnis.

Im Inhaltsverzeichnis des *Pendels* bezieht sich Eco, wie es scheint, auf den Symbolgehalt der Zahl **DREI,** die die Dreieinigkeit symbolisiert, aber auch noch zahlreiche andere Bedeutungen hat. Sehen wir uns an, hinter welchen Zahlen des Inhaltsverzeichnisses sich die magische Zahl **DREI** verbirgt:

Haupt-
zahlen
{
120 Anzahl der in zehn Kapiteln zusammen-
     gefaßten Abschnitte
699 Summe der jeweils letzten Abschnitte
     der einzelnen Kapitel

abgeleitete
Zahlen
{
819 Summe der beiden Hauptzahlen
579 Differenz zwischen der ersten und
     der zweiten Hauptzahl

Potash

Amalgam

Zerlegt man diese Zahlen und bildet die Quersumme der einzelnen Ziffern (siehe auch Kapitel 19 des Romans), so erhält man als Ergebnis immer die Zahl **DREI:**

Ausgangs-zahl	Zerlegung in Ziffern	Quer-summe	Zerlegung in Ziffern	Quer-summe	End-ergebnis
120	1 + 2 + 0			3	3
699	6 + 9 + 9	24	2 + 4	6	3 + 3
819	8 + 1 + 9	18	1 + 8	9	3 x 3
579	5 + 7 + 9	21	2 + 1	3	3

In der Spalte *Endergebnis* erscheint die Zahl **Drei** sechsmal, das heißt in dieser Spalte ist dreimal die Zahl sechs verborgen. 666 ist das Symbol für den Teufel.

Zahlentabelle für das Alphabet

A = 1	J = 10	S = 19
B = 2	K = 11	T = 20
C = 3	L = 12	U = 21
D = 4	M = 13	V = 22
E = 5	N = 14	W = 23
F = 6	O = 15	X = 24
G = 7	P = 16	Y = 25
H = 8	Q = 17	Z = 26
I = 9	R = 18	

In dieser Tabelle, die als Grundlage für die nachfolgenden Spiele dienen soll, sind die Zahlenwerte der einzelnen Buchstaben aufgeführt.

Jede Zahl entspricht einem Buchstaben. Kombiniert man diese miteinander, so erhält man als Ergebnis symbolische Zahlen.

Azurite, lapis lazuli

Die Dreieinigkeit

Belbo, Casaubon und Diotallevi sind die drei Erfinder der Rekonstruktion und/oder Neuerfindung des Plans der Templer. Es ist unbestreitbar, daß ihr Tun kreativ ist, und kreatives Tun ist göttliches Tun.

Wie könnte man dies also anzweifeln, wenn sogar durch die Zahlen ihre gleichzeitige Einheit und Verschiedenheit bestätigt wird: die Verschiedenheit der Bindungen, durch die sie vereint sind, genau wie die drei Figuren der Dreieinigkeit?

Namen und Zahlenwerte jedes Buchstabens:		
D = 4 I = 9 O = 15 T = 20 A = 1 L = 12 L = 12 E = 5 V = 22 I = 9	C = 3 A = 1 S = 19 A = 1 U = 21 B = 2 O = 15 N = 14	B = 2 E = 5 L = 12 B = 2 O = 15
Gesamtsumme: 109	76	36
Quersummen: $109 = 1 + 0 + 9$ $= 10 = 1 + 0 = 1$	$76 = 7 + 6 = 13$ $1 + 3 = 4 = 2^2$	$36 = 3+6 =$ $9 = 3^2$
Ziehen der jeweiligen Wurzel ergibt: Endresultat:		
DIOTALLEVI 1	CASAUBON 2	BELBO 3

Gematriah

Die *Gematriah* ist eine von den Kabbalisten verwendete Methode, um die geheime Bedeutung der heiligen Schriften zu deuten.

Sie beruht auf Bedeutungsentsprechungen der einzelnen Begriffe, die dieselben Zahlenwerte aufweisen.

Im Anschluß daran werden auch die Zahlen selbst gedeutet.

Beim vorhergehenden Spiel der ›dreifachen diabolischen Auslese‹ wurden die Namen von Salon und Agliè verwendet. Diese beiden Personen weisen noch weitergehende tiefere Übereinstimmungen auf, die dann deutlich werden, wenn die im vorangehenden dargestellte Methode mit leichten Variationen angewendet wird.

Entsprechungen der Zahlenwerte, die aus den Quersummen der Gesamtsummen hervorgehen:

Namen und Zahlenwerte der Buchstaben:		
	S = 19 A = 1 L = 12 O = 15 N = 14	A = 1 G = 7 L = 12 I = 9 È = 5
Gesamtsumme der einzelnen Zahlenwerte:	61	34
Quersumme der Gesamtsumme:	6 + 1	3 + 4
Endzahl:	**7**	**7**

Entsprechungen der Zahlenwerte unter Auslassung gleicher Zahlenpaare

Das Auswahlsystem durch Streichen von gleichen Zahlen, bevor die Summen der Zahlenwerte der übrigen Buchstaben gebildet werden (im Fall von Salon und Agliè kommen in jedem Namen die Buchstaben A und L vor), wurde bereits vorgeführt. Im folgenden können also die entsprechenden Zahlen vor der Summenbildung ausgestrichen werden.

Namen und Zahlenwerte der Buchstaben		
	S = 19 A = 1 L = 12 O = 15 N = 14	A = 1 G = 7 L = 12 I = 9 È = 5
Gesamtwert der restlichen Zahlenwerte:	48	21
Quersumme dieser Gesamtwerte:	4 + 8 = 12 1 + 2	2 + 1
Endzahl:	**3**	**3**

Die Interpretation der Zahl 3 und der Zahl 7, Ergebnisse, die beide Diaboliker aufweisen, sei dem Leser überlassen.

Akrostichen

Das Akrostichon ist eine dichterische Komposition, bei der die Anfangsbuchstaben jedes Verses, von oben nach unten gelesen, ein Wort oder einen Satz bilden.

Das Spiel, das wir vorschlagen, besteht aus der Umkehrung dieses Verfahrens. Die einzelnen Buchstaben eines Wortes werden untereinander geschrieben und als Anfangsbuchstaben für neue Wörter benutzt, aus denen sich ein sinnvoller Satz bilden läßt.

BELBO	AGLIÈ	SALON	CASAUBON
BEFFARDO *Spöttisch*	**ASTUTO** *Listig*	**SOTTERRANEI** *Zeigt geheime*	**COSTRUISCE** *Rekonstruiert*
EDIFICA *ersinnt er*	**GUIDA** *führt er*	**ADDITA** *unterirdische*	**ANTICHE** *alte*
LEGGENDE *Legenden*	**LEGIONI** *Legionen aus*	**LABIRINTI** *Labyrinthe*	**SEGRETE** *geheime*
BLUFFANDO *und blufft*	**INDIAVOLATE** *besessenen*	**OSCURI** *und dunkle*	**ALLEANZE** *Bündnisse*
OSTINATO *eigensinnig.*	**ESOTERICHE** *Esoterikern.*	**NASCONDIGLI** *Verstecke.*	**UNISCE** *und*
			BIECHI *verknüpft*
			OSCURI *verborgene*
			NESSI *Zusammenhänge*

Personen- und Sachregister

Namen und Begriffe aus den Informationsblättern sind mit (IB) gekennzeichnet, Romanfiguren mit (RF).

A

Abaelard, Pierre 185

Ableitungsmechanismus 21

Abulafia (Belbos Computer) 17, 35, 49, 64, 77, 93, 96

Abulafia, Abraham (IB) 135

Abulafia, Abraham 35, 96, 185

Abravanel, Isaak (IB) 134

Abravanel, Judas (IB) 134

Adam Kadmon 185

Adam, Jean-Pierre 185

Adramelech 185

Aga Khan 185

Agarttha 70f

Agarttha (IB) 181

Agliè (RF/IB) 141, 161, 169, 173

Agliè (RF) 32ff, 39ff, 44f, 56, 61f, 66–70, 72–75, 77, 81, 89, 91, 94, 106

Agrippa von Nettesheim, Heinrich Cornelius (IB) 133

Agrippa von Nettesheim, Heinrich Cornelius 25

   De occulta philosophia 25

Ahasver 185

Akiba, Ben Joseph 185

Akrostichon 210

Alchimie (IB) 163, 165ff

Alciato, Andrea 185

Al Ghassali (IB) 149

Alhazen, Abu Ali 185

Ali 185

Alkuin von York 185

Al-Magriti (IB) 171

Altes Testament (IB) 120, 134, 178f

Amado, Jorge 186

Amparo (RF) 31ff, 39f, 56, 59–62, 73

Anagramm 118, 195f

Andreae, Johann Valentin (IB) 142

Andreae, Johann Valentin 111, 186, 191

Anna Boleyn 113

Anthroposophie (IB) 164

Anubis (IB) 173

Apuleius, Lucius 186

Arama, Isaak (IB) 134

Archontiker-Sekte 78

Arcimboldi, Giuseppe 186

Ardenti (RF/IB) 148, 171, 180

Ardenti (RF) 34, 39, 41f, 45, 57ff, 70f, 78, 82, 88, 91

Aristarchos von Samos 186

Aristides 186

Aristides von Milet 186

Aristides, Publius Aelius 186

Aristoteles (IB) 135

Aristoteles 106

Aristoxenos 186

Arithmologie (IB) 153

Aron 186

Arthephius 186

Artois, Robert de 186

Ashmole, Elias 186

Askalon, Belagerung von 54, 56

Assassinen (IB) 152

Assassinen 87, 190

I

Idealleser 17, 20
Ignatius von Loyola 85
Illuminati 192
Illuminismus (IB) 167
Imamiten (IB) 150
Informatik 17
Ingolf, Edouard (RF) 57f
Initiation (IB) 161
Initiationsrituale (IB) 161
Intertextualität 16ff, 20
Intertextuelle Kompetenz 18
Irrationalität 18
Isaak der Blinde 189
Isis-Kult (IB) 159f, 173
Islam (IB) 149
Ismaeliten (IB) 150

J

Jacques de Molay 55
Jakob I. 109, 111
Janowitz, H. 114
Jessod 46
Jesuiten 86
Johanniter (IB) 139
Joinville, Jean de 189
Joseph von Arimathia (IB) 148
Judas Levita (IB) 134f
Judentum (IB) 121f, 134f
Jung, Carl Gustav (IB) 167
  Psychologie und Alchemie 167

K

Kabbala 17, 30, 53, 107, 192
Kabbala (IB) 126, 128, 163, 176
– christliche (IB) 133
– mystische (IB) 129
– praktische (IB) 126
– spekulative (IB) 126, 130f
Kalender (IB) 144
– Gregorianischer 42, 79, 84
– Gregorianischer (IB) 144f
– Julianischer (IB) 144f
– Kalender der Französischen
  Revolution (IB) 145
Kardec, Alain 189
Karl der Große 185
Karos, Josef (IB) 120
  Schulchan Aruch (IB) 120
Karpokrates (IB) 176
Katharer (IB) 136
Kelley, Eduard 107–111, 113ff,
  117
Kelten (IB) 168
Kepler, Johannes (IB) 166
Kether 38
Kircher, Athanasius 82
Kircher, Athanasius (IB) 133
Knorr, Rosenroth Christian von
  189
Konstantin Mananalis (IB) 137
Konstantin IV. Pogonatos (IB)
  137
Konstantin V. Kopronymos (IB)
  137
Konzil in Troyes 54
Koran (IB) 158
Korzybski, Alfred 189
Kosmographie des Unsichtba-
  ren (IB) 154
Kreuzzüge (IB) 136, 139
Kreuzzüge 54, 78, 87

L

Laski, polnischer Fürst 108
Le Forestier, René 189
Leo XIII., Papst (IB) 146
Levi Ben Gerson (IB) 134

HEYNE SACHBUCH

HEYNE BÜCHER

Magie und Mythos –
Geheimnisvolle
Verbindungen
zwischen
Vergangenheit,
Gegenwart
und Zukunft

19/51

19/56

19/38

19/72

19/81

19/132

19/54

19/139

Wilhelm Heyne Verlag München

HEYNE SACHBUCH

**Große Autoren
und ihre
Sachbuch-Klassiker**

FREDERIC
VESTER
Leitmotiv
vernetztes
Denken

Für einen
besseren
Umgang mit
der Welt

Erstmals im
Taschenbuch

19/109

Horst-Eberhard
Richter
Die hohe Kunst der
Korruption

Erkenntnisse
eines
Politik-Beraters

19/158

Erwin Wickert
DER FREMDE
OSTEN
China und Japan gestern
und heute

Erstmals im Taschenbuch –
erweitert und aktualisiert

19/102

Lois Fisher-Ruge
Meine
armenischen
Kinder

19/155

PETER
SCHOLL-LATOUR
Der Ritt auf
dem Drachen

Indochina –
von der
französischen
Kolonialzeit
bis heute

Erstmals im Taschenbuch

19/98

KARLHEINZ DESCHNER
DAS KREUZ
MIT DER
KIRCHE
EINE SEXUALGESCHICHTE
DES CHRISTENTUMS

12., erweiterte und aktualisierte Neuausgabe

19/16

EUGEN
KOGON
DER
SS-STAAT

DAS SYSTEM
DER DEUTSCHEN
KONZENTRATIONS-
LAGER

19/9

Robert Jungk
Norbert R. Müllert
Zukunfts
werk
stätten

Mit Phantasie
gegen Routine und
Resignation

19/73

Wilhelm Heyne Verlag München

HEYNE BIOGRAPHIEN

Biographien
zum Thema
Literatur

HEYNE BIOGRAPHIEN
Ronald Hayman
BERTOLT BRECHT
Der unbequeme Klassiker

12/124

HEYNE BIOGRAPHIEN
Herbert R. Lottman
CAMUS
Das Bild eines Schriftstellers
und seiner Epoche

12/169

HEYNE BIOGRAPHIEN
Jürgen Klein
VIRGINIA WOOLF
Genie – Tragik – Emanzipation

Originalausgabe

12/114

HEYNE BIOGRAPHIEN
Jay Martin
HENRY MILLER
Die Liebe zum Leben

12/170

HEYNE BIOGRAPHIEN
Roman Karst
THOMAS MANN
Der deutsche Zwiespalt

12/148

HEYNE BIOGRAPHIEN
Gabriele Hoffmann
HEINRICH BÖLL
Leben und Werk

12/209

HEYNE BIOGRAPHIEN
Pierre-Louis Rey
MARCEL PROUST
Eine Bildbiographie

12/199

Wilhelm Heyne Verlag München

Heyne
Sachbuch

Die Kirche und
ihre Kritiker

19/137

19/170

19/16

19/77

19/18

Wilhelm Heyne Verlag München

HEYNE SACHBUCH

Unentbehrliche
und in ihrer Art
einmalige Lexika

19/174

19/149

19/129

19/68

19/43

19/157

19/39

19/101

Wilhelm Heyne Verlag München